中国古代的治国智慧

彭铁元
孙贺芳
——著

人民东方出版传媒
People's Oriental Publishing & Media

东方出版社
The Oriental Press

图书在版编目（CIP）数据

中国古代的治国智慧 / 彭铁元，孙贺芳著 . —北京：东方出版社，2022.6
ISBN 978-7-5207-2629-0

Ⅰ . ①中… Ⅱ . ①彭… ②孙… Ⅲ . ①国家—行政管理—中国—古代 Ⅳ . ① D691.2

中国版本图书馆 CIP 数据核字（2022）第 072965 号

中国古代的治国智慧

（ZHONGGUO GUDAI DE ZHIGUO ZHIHUI）

彭铁元　孙贺芳　著

责任编辑：杜丽星
责任审校：赵鹏丽
出　　版：东方出版社
发　　行：人民东方出版传媒有限公司
地　　址：北京市西城区北三环中路 6 号
邮　　编：100120
印　　刷：北京印刷集团有限责任公司印刷一厂
版　　次：2022 年 6 月第 1 版
印　　次：2022 年 6 月北京第 1 次印刷
开　　本：710 毫米 ×1000 毫米　1/16
印　　张：12.5
字　　数：170 千字
书　　号：ISBN 978-7-5207-2629-0
定　　价：56.00 元
发行电话：（010）85924663　85924644　85924641

前　言

　　"智慧政府"无疑是现在社会上较流行的词语之一。政府机构的工作人员或相关学者如果对此不了解，就无法胜任自己的工作。当前形势下，好像只有拥有互联网、物联网、云计算等现代工具和技术后才能具备治理能力，而古人的治国智慧却往往被忽略。

　　在数千年的世界历史中，出现过许多大国，如威震天下的波斯帝国、庞大而浪漫的罗马帝国、辉煌无比的奥斯曼帝国等，如今都已不复存在。这证明了靠军事强势维持大国统治是不可靠的，而中国睿智的先哲们在两千多年前就设计了国家制度的基本构架，至今仍有积极的借鉴意义，这充分证明了中国古代的治国智慧。

　　提高治国理政能力，应该汲取中国古代的治国智慧。我国古代的治国智慧多源于对治国理政经验的总结。中国自古疆土辽阔，大一统又是历代统治者的首要政治理想和目标，那么就需要一个庞大有效的行政系统，从中央到地方，从行政、财税到军事，层层叠叠的机构设置，大大小小的官员，形成一个巨大的国家治理系统。任何一个系统，都有其内在的生命周期和惰性。当一个政治系统中既得利益集团只考虑自己利益最大化时，这个系统就会逐渐偏离初心和目标，治国理政功能和效率就慢慢丧失，"温水煮青蛙"的悲剧就会发生！当系统自我修复能力已经不能完成自我纠错时，举国动荡就不可避免，外部力量就会勾结内部力量摧毁这个系统，并重新组建一个新系统来替代其管理功能。中国古代许多朝代的政治新政、变法与改革，都可以看作一种系统内部自发的自上而下的修复行为，是为了避免系统被颠覆所做的努力。在这个过程中，中国古人的治国智慧就凸显出来。

治国理政现代化需要我们不断总结我国历史上朝代覆亡的教训和新朝兴起的经验。我国有几千年的治国理政历史，中国古代的治国智慧，正是在几千年治国实践基础上的理论结晶。所以，"治国智慧"这个概念，揭示了中国古代政治思想的主要内容，反映了中国古代政治文化的基本特点。

中华民族素有学习和总结历史经验的优良传统，这是中华文明至今不衰，中华民族屹立于世界民族之林的重要原因。习近平总书记指出："一个国家的治理体系和治理能力是与这个国家的历史传承和文化传统密切相关的。解决中国的问题只能在中国大地上探寻适合自己的道路和办法。""历史是最好的教科书。""今天遇到的很多事情都可以在历史上找到影子，历史上发生过的很多事情也都可以作为今天的镜鉴。"新时代坚持和发展中国特色社会主义，需要从古人治国智慧中汲取治国理政智慧。

彭铁元

2022 年 5 月

目 录

1

第一部分

官员的任用与管理

以史为鉴：中国古代的"官德"

子曰："君子之德风，小人之德草，草上之风，必偃。"如孔子所言，在古代统治者的德行就像是风，庶民的德行就像是草，当风吹草的时候，草就会跟着风的方向倒。统治者的执政关乎立国安民大局，统治者要做好表率。

中国古代推崇"不患位之不尊，而患德之不崇"的官德箴言，把"官德"看得非常重要，从政者把正心、修身、立德作为入仕的根本。北宋司马光在《资治通鉴》中写道："才者，德之资也；德者，才之帅也。君子挟才以为善，小人挟才以为恶。自古昔以来，国之乱臣，家之败子，才有余而德不足，以至于颠覆者多矣。"这里强调德的重要性，如果不能选用圣人、君子，那么宁可起用资质平庸之人，也绝不用品行不端的小人。南宋吕本中所著的《官箴》被后世奉为做官必须读的书。书中提出："当官之法，惟有三事：曰清、曰慎、曰勤。知此三者，可以保禄位，可以远耻辱，可以得上之知，可以得下之援。"这既反映了古代为官者的道德标准和职业素养，也成为从政者坚守官德的行为规范。

一、中国古代"官德"的概念

中国古代"官德"，有人解释为"中国古人为官的行为准则"或者"古代官员的素质修养"。虽然没错，但是这样解释也有些片面了。通过对史料记载的梳理，我们能看出中国古代的"官德"，不仅仅解释为古代官员的职业道德，其内容更包含了"道""德""法"三个方面的问题。"道"，是为官的准则；"德"，是为官的品德；"法"，是对为官者权力的制约。古代官德不仅包括古人治国理政的具体道德准则，同时还体现着古人的治国方略和政策设计，具有更深层次的内涵。如果只是简单地将古代官德归入从政素养或道德领域，便是低估了古代官德所蕴含的巨大思想价值。

从狭义上看，中国古代官德是古代官员执行公务过程中应当遵守的具体行为准则，可以视为古人居官从政的职业操守。若从广义上进一步分析官德的内涵，则它不仅仅是居官从政的法则，还是执政的指导思想。古代很多思想家、政治家都曾从不同角度论述官德的内涵。如周公旦提出"明德慎罚"思想，认为统治者要"以德配天"以实现"保民"，统治者应该通过修德行、行德政、施德教，以达到治国安民的目的；子产提出"宽猛相济"思想，认为应针对社会形势的需要，灵活制定统治政策，让强硬的治理措施与宽仁的统治策略相辅相成；董仲舒提出"德主刑辅"思想，强调"德礼为政教之本""刑罚为政教之用"。这些都表明了古代思想家、政治家对于"德"的深刻理解，而作为历史文化的继承者，我们要以更宽广的视野对古代官德的内涵进行解读。

中国历史上各个朝代对官德的定义既有共同点，又各有侧重。如：西周有智、仁、圣、义、中、和"六德"，以及孝、友、睦、姻、任、恤"六行"；秦朝有忠信敬上、清廉毋谤、举事审当、喜为善行、恭敬多让"五善"；汉朝有质朴、敦厚、逊让、节俭"光禄四行"；晋朝有忠恪匪躬、孝敬尽礼、友于兄弟、洁身劳谦、信义可复、学以为己"中正六条"；唐朝有德义有闻、清慎明著、公平可称、恪勤匪懈"四善"；等等。总的来看这些规定既反映了古代从政者的道德修养，又反映了从政者的职业操守。

以上关于居官从政的职业道德的具体规定，大多属于道德修养的范畴。从中不难看出：首先，古人都强调为官者必须具备"公正无私"的品德。"以公灭私，民其允怀"，"无偏无党，王道荡荡"，就是说执政者克己奉公、廉政无私，百姓才能拥护；不营私舞弊，不结党营私，国家才能够兴旺发达，欣欣向荣。其次，古人认为清廉勤谨是最重要的官德，"能吏寻常见，公廉第一难"，这一点受到古人的普遍认同。清朝名臣陈宏谋曾明确地说，"亲民之官，以廉为基"。通过历史资料和文献的记载可以看出，古代对居官从政者的道德要求，大多强调公、善、慎、廉，这四个字形成了居官从政总体的道德规范。

二、中国古代考察"官德"的方法

中国古代历朝历代都把官德当作任用、考评官吏的首要标准，通过完善官德考课制度，实施奖惩办法来强化官吏队伍建设。虽然各个朝代对官员考评内容和标准各有侧重，但德才兼备、以德服众、以德润才、以德统才的用人导向，以及公、善、慎、廉的道德规范始终是不变的核心。据说从黄帝开始，就有"百官"设置，西周时期建立官吏考核制度，经过数千年演进，最终形成了一套比较完善、相对成熟的官吏考课制度。

西周"三年则大比，考其德行道艺，而兴贤者、能者"。即每三年对官员进行一次全面考核，以考察官德为主，并兼顾政绩才能。这不仅为中国古代官员居官从政确立了基本准则，也为古代官员考核建立了大的框架，对中国古代官吏考课制度产生了深远影响，被历朝历代统治者沿用，成为任用、考评官吏的重要依据和参考标准。

秦朝推行"明主治吏不治民"，坚持法家"严于治吏"原则，《为吏之道》《仓律》《田律》《除吏律》等法规中对官吏任用、考评都有详细的规定。秦朝考核官德推崇"五善"。

汉朝开始力推"德政"。从汉武帝起，选拔、考评官员主要用三种方式：一、"贤良方正"之士在皇帝前进献计策；二、各地以"察举制度"选拔人才；三、请社会名望较高的贤达之士担任官职。这些选拔方式，一方面首要看重官员德行，另一方面看重官员的个人才华。到了汉元帝，从永光元年（前43年）开始，"诏丞相、御史举质朴、敦厚、逊让、有行者，光禄岁以此科第郎、从官"。这就是汉朝著名的"光禄四行"考核方法，这一标准包含了"敦厚、质朴、逊让、节俭"这四种道德行为规范，依据这"四行"来选拔官员。在具体考核办法上，主要通过察访、巡察方式对官员德行进行全面考核，酌情予以奖惩。

魏晋时期实行"九品中正制"，由"中正官"负责考核官员德行，评出"品"和"状"。考核体系中，一共分为九个品级，每一品都有对应"状"，即关于道德的评语，比如"德优能少""天下英博，亮拔不群"等。

到了唐朝，形成了一套官员考核制度，《旧唐书·职官志》概括为"凡择人以四才，校功以三实"。考核后，"较之优劣而定其留放，所以正权衡，明与夺，抑贪冒，进贤能"。根据考核结果，对官员予以奖惩。在唐朝，官德考核标准逐渐发展为"四善二十七最"。

明朝制定了一套完善的官吏考课制度，这和朱元璋的治国理念有很大关系。他认为"任官之法，考课为重"，如果对官员不考核、不进行合理奖惩，就难以实现善治。官员考核有"考满"法：官员任职满三年，参加初考；任职满六年，参加再考；任职满九年，参加通考。考核结果分为三等，分别为"称职""平常""不称职"。考核结果为"平常"及以上，予以提拔。除了"考满"法，还有"考察"法，对在京官员，六年考察一次，叫京察；京外官员，三年考察一次，叫外察。同时，外官三年一次朝觐，也叫朝觐考察。考察标准有八条：一贪、二酷、三浮躁、四不及、五老、六病、七疲、八不谨。除上述例行定期考核制度以外，还有"访察告诫""随事考察"等考课方式，对官员德行、政绩进行全方位考察，予以奖惩。到了清朝，官德考核大致沿袭明朝做法，并加以完善，形成相对成熟的考核制度。

对古代"官德"的归纳总结，不仅能够让人感受到古人政治智慧的魅力，也能够将其中的精华部分加以转化应用，促进"现代官德"的构筑，进而提升现代政府官员的执政道德观，有益于加强作风建设。

吏无德必乱，国无德不兴。习近平总书记指出："在历史的长河中，那些帝国的崩溃、王朝的覆灭、执政党的下台，无不与其当政者不立德、不修德、不践德有关，无不与其当权者作风不正、腐败盛行、丧失人心有关。"党员干部道德操守和官德修养，关乎社会公平正义，关乎国家的兴衰存亡。因此，党员干部要认真学习习近平总书记关于党员干部修养的重要论述，常修为政之德，常思贪欲之害，常怀律己之心。"捧着一颗心来，不带半根草去。"融合了中华优秀传统文化和社会主义核心价值观的新时代"官德"把"全面从严治党"的要求贯穿到作风建设当中，书写新时代党员干部的无悔人生！

古代公职人员考勤制度

我国古代为官的三大原则是"清、慎、勤"。古代所有公职人员的工作时间与现在"朝九晚五"的八小时工作制不同，整体来说就是日出而作，日落而息。各个朝代都制定了详细的考勤制度，而且比现代的考勤制度更严厉。

一、"点卯"的由来

《诗经·齐风·鸡鸣》开篇写道："鸡既鸣矣，朝既盈矣。匪鸡则鸣，苍蝇之声。东方明矣，朝既昌矣。"这个"朝"便是指诸位大夫朝觐诸侯，共议一个封国的国事。由此可见，春秋时期就有了"鸡鸣即上班"的传统，往后，这个时段就定型为"卯时"，即早晨五至七时。"上班点卯"的传统也就慢慢在我国古代确立下来。

与一些现代单位一样，古人上班第一件事大多数也是"开会"。在中央集权制彻底确立后，皇帝每天早上要举行"朝会"，也叫"上朝"。参会官员是"六部九卿"等，级别均相当于现代省（部）级以上。"朝会"的时间，根据议程多少有长有短，一般多在辰时（上午九时）结束，称"散朝"、"放班"或"退朝"。值得一提的是，五代以后还常存在这样一种情况：早朝时，皇帝并不上殿直接与百官见面，而是将宰相或首辅等一些重臣召入内殿"开小会"。"小会"开完后，宰相出来，领着百官在殿廷行礼后，宣布退朝。

而各级地方机关的上班时间，与中央朝廷相对应，也有先参加长官主持的会议、各自办公的程序。"击鼓升堂"是地方主政官员每天办公的开始；下班也要打鼓，称为"散堂鼓"。

无论中央大员还是地方小吏，"早例会"结束后，就回各自的衙门开始办公，直至下班。而有关下班时间的规定，比如，清朝规定春夏申时四刻（约下午四时）下班，秋冬则一到申时（约下午三时）便可下班。这样一看，古代公职人员的日平均工作时长也有八个多小时。

二、古代"点卯"的相关具体规制

"点卯"制度在古代中国的政治生活中贯彻得如此坚决，自然也离不开多种配套制度的支持。

众所周知，现代办公场所一般都设有"门禁"。古代也一样，不要说皇宫禁地，就连县级衙署前往往也设有"门籍"。据晋朝士人崔豹所著《古今注·问答释义》记载："籍者，尺二竹牒，记人之年名字物色，县（通'悬'）之宫门，案省相应，乃得入也。"据此解释，古代的门籍是一尺二寸长的竹片做成的，上面写有官员的名字和外貌特征，悬挂于宫门上，等门卫查验后方可进门上朝。这种"门籍"很像现代的"花名册""点名簿"。

唐宋以后，"门籍"为随身携带的身份证明所取代，如唐宋有"鱼符""虎符"，这既是一种"身份证"，又是上班"工作证"。当然，只有很高官职的官员才有机会使用，而地方上往往只使用普通"门籍"。况且，由于古代各级官府当中一起工作的同僚相互之间很熟悉，且按官阶次序又决定了开会座次，因此，即便没有"门籍"，开会时谁没有到也一目了然。"点卯"如此重要，因此如果有谁迟到或缺勤，中国古代历朝律法也都有严厉的惩罚规定。在古代上班，考勤比现代要求更严格。比如京官，如不能按时上朝，要说明情况和理由，并且在"花名册"上注明，称为"注门籍"。如身体不适，便在名字下注明"病"字。

古代官员如果无故不上班或迟到也像现在一样按次数罚钱。唐玄宗时规定"文武官朝参，无故不到者，夺一季禄"；到唐肃宗时，"朝参官无故不到，夺一月俸"；再到唐文宗时，"文武常参官，朝参不到，据料钱多少每贯罚二十五文"。唐律规定，官吏旷工满35天判处徒刑一年。如果在军事重镇或边境地区工作的官员，还要罪加一等。官员迟到缺勤次数多了，还有可能被强迫"劳改"一年。

正常情况下，官员是必须上班的，特别是在京高级官员，无故不参加例行朝会属于严重错误，相当于现代政治生活中的"违纪"。平常只有出现雨雪这类恶劣天气，或是皇帝主动取消朝会时，早上才可以不上班，即所谓"放朝"。放朝只是取消出席皇帝主持的早班会，但并不是不用上班，官员仍要到衙署坐堂，处理"署事"。至于假装称病而缺勤，在外宴会玩乐的情况，一经发现，往往会受到严重处罚。如宋仁宗时期，当时的右巡使张亿一口气弹劾户部郎中、史馆修撰石中立等33人托辞生病不赴朝会。皇帝一方面下诏警告百官，另一方面宣布，对于那些动辄称病缺席旷职者，朝廷要派医官检验核实。

三、严加监督与玩忽职守同在的工作状态

中国古代的"点卯"制度及其相关处罚机制看似完备，但在很多历史时期形同虚设，官员"晚至早退，政务废弛"的现象很常见。有的人画过卯就离岗了，甚至不去坐堂上班，如在宋太祖时，便有地方州县官员不到衙门坐堂。因此，宋太祖曾亲发诏书训诫全国上千县令，"切勿于黄绸被里放衙"，意思是，你们千万不要不上班办公，而在家睡懒觉。那么，既然光有"点卯"还不够，必须配套"全天候的坐班状态监督"，以明清时

期为例，地方上由地方官吏来考勤；级别高的京官，由主事太监来考勤，迟到、早退的情况，门口值班太监都会登记下来。如果有正当理由和经过允许提前下班的，也要记录下来，以备核查。

另外，监督公职人员在岗期间是否胡作非为，也是考勤机制的一部分——在这个方面"以身试法"者同样会"后果很严重"。据《唐会要》记载，唐朝有个名叫张黔牟的大理司直，值班时竟然"以婢自随"，结果遭到举报，挨了处分。

虽然历朝历代对考勤都有详细规定，也时不时搞搞"突击检查"，但这些办法都不是十分有效。而在实际审查过程中，古人还是比较重视按时上班，什么时候下班却并不严格，通常是完成当天的工作，就可以下班，并且往往以吃午饭作为一大"分水岭"——许多京城机关都在午饭后仅留一两个官员值班，其余的都回家，只有吏胥书办、役夫勤杂仍坚守岗位。

四、古代公职考勤体系的得失

古代大部分王朝随着时间的推移，开国时制定的法令执行力度越来越松弛，对迟到的规定也越来越"因人而异"——如果和上级官员关系好，一般缺勤十几天都不会被追究，而有些"没有门路"的公职人员稍一迟到便被处罚。这种现象既不公平，又亵渎法纪威严，当代的公职人员队伍建设要引以为戒，要依法依规严肃打击因人情因素而引发的考勤舞弊行为，确保所有的缺勤行为都根据相关纪律和法律准则，得到应有的处理。

当前，随着党风廉政建设不断深入，国家对公职人员的管理也越来越严格，因上班迟到、旷工而受到严厉处分的事例不断见诸报端。可能有人觉得纪委管理太严了，处分太重，殊不知与古代对公职人员无故不出勤的种种惩罚相比，当代公职人员因考勤不合格而受到的处分反而显得较轻。

古代官员如何管理"身边人"

"一屋不扫何以扫天下"是历代有识之士推崇的信条,"正人必先正己,治国必先治家",以自我完善,治理家庭、管理随从等"身边人"为基础,之后才可以治国平天下。如何管理好自己的"身边人"是历代管理者都不敢掉以轻心的一件事,古人已经给我们提供了很多值得思考与借鉴的范例。

一、约束不力、祸患无穷的案例比比皆是

在古代官场的腐败案中,官吏的"身边人"基本是一个绕不开的群体,他们往往利用接近权势之便谋取私利,甚至为非作歹。高位管理者能否有效管束"身边人",便是古代官场是否清明的一个重要佐证。

据《资治通鉴》卷十八记载,公元273年,吴主爱姬遣人至市夺民物,司市中郎将陈声将其绳之以法。"姬诉于吴主,吴主怒,假他事烧锯断声头。"东吴末代皇帝孙皓因听从宠妃之言,用残酷的刑法处死了秉公办案的官员,其昏聩残暴由此可见一斑,最后这个皇帝的国家被西晋攻灭也就在情理之中了。

梁武帝萧衍的侄儿临贺王萧正德也同样是一个当权者身边的"灾星"。萧正德本性残暴,收纳亡命之徒,杀人越货,夺人妻妾子女,还一度叛投北魏。对皇亲贵族一向过于宽宥的梁武帝虽然一开始给了他罢官削爵发配的处罚,但又很快赦免了他,而且还继续让他担任要职。这以后的萧正德

变得更加狂悖，豢养众多死士，后勾结侯景背叛梁朝，囚杀梁武帝父子并称帝。梁武帝因为对皇亲贵族的姑息付出了惨痛的代价。后来，萧正德也未得善终，被"朋友"侯景所杀。

顺治初年，"宣府巡抚李鉴以赤城道朱寿鋆贪酷不法，将劾之"。涉事的朱寿鋆托人求助于当时位高权重的亲王阿济格的亲信绰书泰，亲王阿济格听从亲信绰书泰之言，不断施压宣府巡抚李鉴要求放人，最后闹到带兵硬闯府衙的地步，但强硬的李鉴不仅一直不妥协，还把这事上报了朝廷，随后朱寿鋆、绰书泰等人皆被处死。亲王阿济格也在打完胜仗的情况下，仍然被降为郡王，并罚银五千两。后来，众多原因导致阿济格被赐死并除爵。

这些处于高位的人由于对"身边人"监管松懈失力，使他们的"身边人"做出不轨之事，最终祸及自身。这类事例在历史上可以说是不胜枚举，并不是概率很低的事件。

二、古代关于约束官员"身边人"的制度建设

意识到了亲属、亲信对朝政治理的多重影响之后，为了防患于未然，统治阶级出台了相应规范来管理与约束这一人群。比如汉武帝时代就开始有了回避制度，规定了刺史、郡国守相、县令等都不得任用本地方之人；东汉桓帝时期规定当地官吏不可以在姻亲家庭所在地工作；之后的回避制度历经隋、宋、明、清渐臻于完善。其中回避主要包含直系亲属职位回避、地方职位回避、官职职位回避和参加科举考试回避四个基本回避形式。

明太祖朱元璋特别重视对其手下政府官员"身边人"的管理，经常要求大臣认真管理其家人及其仆从；还下发了一份"一刀切"的文件，规定："凡在官者，其族属有丽于法，听其解职归乡里。"也就是说，官员在任时，

如果其亲属中任何一个做了违法犯罪的事，那不管这个人政绩是否优良，都必须主动申请辞官回乡。此外，朱元璋知道太监干预朝政之危害后，于洪武十七年（1384 年）制铁牌于宫门，明令"内臣不得干预政事，违者斩"，并且不许宦官兼外朝文武职衔、穿外朝官员的服装，宦官品级不得超过四品。

三、古代官员如何有效管束"身边人"

在历史上，自然也不乏官员以身作则、教化家人、从严管束"身边人"的正面事例。

（一）任人不唯亲，主动避嫌

公元 303 年，晋朝荆州刺史刘弘坚决反对朝廷任命其女婿夏侯陟为襄阳太守，并推荐立过战功却资历尚浅的皮初为襄阳太守。他上奏朝廷："陟姻亲，旧制不得相监；皮初之勋，宜见酬报。"最终，朝廷采纳了刘弘的提议。这件事被传为美谈。

（二）重视对家人的教育

古代有才德的官员基本都很看重对后辈的培养和建立优良的家风。

1. 以身作则

宋代孔平仲的《续世说》记载，北魏贵为司空的长孙道生，一生清廉，哪怕是骑马时的障泥，都是脏了洗了再用，破了补了再用，他的孩子眼见父亲如此，也都养成了勤俭节约的良习。唐朝宰相卢承庆临终时叮嘱家人要给他穿平常衣服入殓，省去牲畜祭奠，坟墓不可太高，棺材碑文要从简，这无疑也是对家人的一种有力的言传身教。

2．重视家训

明代王洪洲在其《家训》中说："子孙才分有限，无如之何；然不可不使读书。贫则训蒙以给衣食，但书种不绝可矣。"可以看出，在古代有才识的官员眼里，读书远比丰足的物质生活重要得多。

晚清名臣曾国藩也非常重视对儿孙的教育，其书信集《曾国藩家书》中有一段写给九岁的儿子曾纪鸿的文字，信中写道："凡人多望子孙为大官，余不愿为大官，但愿为读书明理之君子。勤俭自持，习劳习苦，可以处乐，可以处约。此君子也。"这样的教诲，也显得境界更高远。

3．严格管束

汉明帝时期，"馆陶公主（汉明帝的姐姐）为子求郎"，汉明帝拒绝，仅赏赐其铜钱一千万，以示厚意，之后明帝跟群臣说，郎官这个职位管着百里地方，责任不小，必须用对人，否则会让百姓受苦。

唐文宗时期，朝廷提倡节约简朴。某日驸马韦处仁因为戴着一条华丽的红头巾进宫，受到了文宗的批评，自此驸马再也不敢穿奢华的服饰了。

明代，明仁宗的张皇后"遇外家严"，不允许娘家人升官或受赏，且不准他们私自接触国家的重要政务和大事，这也就有效杜绝了外戚专权，所以尽管张氏从皇后成为太皇太后，中国历史上经常发生的外戚跋扈专权现象，在这个时期也没有发生。

（三）严格挑选自己的"同事"

晚清名臣曾国藩，对于幕友要求非常高，除了业务能力方面明确规定幕友在处理军务、筹饷、地方行政事务和写公文上最少精通一项，还加入了对品行的考量。太平军在第二次会战中歼灭了数万清兵攻占江南大营之后，清廷不得不更加倚赖曾国藩一手建立的湘军，因此不但直接给了他巨大权力，还直接授予了他保荐地方人才的特权，不过他并没有直接滥用这些保荐权，而是做到公正推举，所以当时一度涌现了非常多的优秀人才。

虽然，在古代官场不乏制度约束，也有众多有为的官员典范，但总的来说仍然有很大局限性。只有不断完善法律法规，并加强官员的自身修为和治家治下的能力，才能匡正时弊，实现吏治的清明。

古代官员吃喝如何"定规矩"

吃喝是小事，但官员的吃喝之风却影响国家的长治久安和人心向背。官员吃喝之害，胜于猛虎，不是危言耸听。古代政府在禁止官员吃喝方面积累了丰富的经验，构建了一系列制度措施。这些制度成果不仅有效解决了当时社会面临的官员吃喝腐败问题，也蕴含着治国理政的智慧。

一、汉朝：官员接受宴请必须自己买单，违者免职处理

据史料记载，西汉初期，为了实现国家的强盛，汉文帝和汉景帝以道家的"无为而治"为治国理念，在政治上温和仁慈，在经济上轻徭薄赋与民生息，大力发展生产，史称"文景之治"。国家强盛了，官员难免膨胀，公款吃喝之风盛行，民间怨声载道。为此，汉景帝刘启为官员吃喝"立规矩"，规定官员不管官职大小，在上任、离任及外出巡视时，不得接受宴请，如果实在无法拒绝，必须自己掏钱买单，否则将免除职务。

汉朝对官员违规吃喝进行免除职务处理，在一定程度上遏制了吃喝带来的腐败现象，有利于营造风清气正的官场生态环境，树立官员清廉的形象。

二、魏晋南北朝：官员大吃大喝最高可被判死刑

魏晋南北朝时期，统治者为了巩固政权，十分重视国家经济的发展，采取了一系列有助于经济恢复和发展的政策，为经济发展保驾护航，对于有可能危害到经济发展的行为，将施以重刑。据史料记载，在北魏献文帝时期，"所监治受羊一口、酒一斛者，罪至大辟，与者以从坐论"。意思就是巡视监察官员不能大吃大喝，如果在巡视时吃了一只羊、喝了一壶酒，就要被处以死刑，一起参与大吃大喝的随从按照连坐判罪。

三、唐朝：官员进京汇报工作，吃喝自掏腰包

盛唐是中国古代历史上最辉煌的时期之一。唐朝的都城长安，极为繁华，整座城灯火通明，号称"不夜城"，可见唐朝国力之强盛。唐朝真正对官员吃喝进行限制的制度出现在唐朝后期。这时候的唐朝由盛而衰，宦官专权、藩镇割据，皇权削弱，财政空虚。各地节度使来都城长安觐见，吃好喝好玩好已经成为一种习惯。于是朝廷要求各地节度使觐见皇帝时，自己掏钱摆酒席，名为"买宴"。晚唐的"买宴"，看似与限制官员吃喝腐败没什么关联，但仔细推敲背后的原因，本质上还是官员吃喝腐败问题。虽然"买宴"的规矩无法改变官员吃喝腐败的状况，但这也相当于"经济制裁"。

四、宋朝：降职罢官、判刑、杖刑处罚

对官员吃喝管理最全最细的是宋朝。根据宋朝的法律制度，官员吃喝可能被处罚，也可能是福利。宋朝真正做到了有奖有惩。对于宋朝官员可以依法大吃大喝，这里不做详述。我们重点看看宋朝是怎么处罚违法吃喝的官

员的。

官员吃喝超标，法办。据《庆元条法事类·职制门》（卷七）"监司巡历"记载，官员下基层，吃饭住宿都有统一的标准。如果超标，不仅官员本身要被处罚，随行的工作人员也要连坐受罚。如果官员在地方上接受宴请，严重者将被法办。

官员公务时间不得大吃大喝，更不能召妓，否则处以杖刑。据《庆元条法事类》记载，宋朝规定本地官员不得聚众宴请吃喝妨碍公务，来做客的外地官员如果在宴请时有妓女参加，处以80杖。浙江湖州一个叫刘藻的官员，在任期间大吃大喝，被人举报，被降职罢官。同样，王希吕、范成大与胡元质等人，也因为大吃大喝被宋孝宗免职。大文学家苏舜钦卖废纸买酒设宴、召妓助兴，被人举报弹劾，以"自盗"罪名被免职，并被赶出京城。

五、明朝：多吃一个菜可能掉脑袋

草根出身的朱元璋深知毫无节制的公款吃喝往往耗费国库，加重百姓负担，进而引起民愤，危及统治。因此，在建国之初，朱元璋就制定了官场公宴费用标准，给官员吃喝定下了规矩，严禁官员肆意大吃大喝，多吃一个菜都可能掉脑袋。这应该是史上最严的"反官员吃喝法"。

作为官员吃喝规矩的制定者，朱元璋以身作则。据史料记载，在皇后的生日宴会上，文武百官纷纷携重礼而至。可朱元璋为他们准备的菜肴却是简单的一盘炒萝卜、一盘炒韭菜、两盘炒青菜和一碗葱花豆腐汤。文武百官面面相觑，疑惑不解。朱元璋解释称："萝卜上了街，药店无买卖""韭菜青又青，长治久安定人心""两碗青菜一样香，两袖清风好丞相""小葱豆腐青又白，公正廉洁如日月"。

朱元璋望着满桌的贺礼，脸色阴沉，问他侄儿朱涛带了什么贺礼，得知是"翠珠二领、镯一双、佛八座"时，龙颜大怒，立刻命人当场把朱涛拿下。文武百官见此情景，个个吓得脸色苍白。

朱元璋对吓得胆战的文武百官说，你们的事就算了，贺礼全用来赈济。从今天起，无论什么宴席，最多四菜一汤，谁要是违反了，严惩不贷。他命人将这条法律昭告天下，对违反的官员，谁都可以举报，举报者有重赏。

文武百官连连应允。从此，四菜一汤在明初成为定律，有效制止了"官员吃喝之风"，并一直流传至今。

六、清朝：官员吃喝已经疯狂到令人发指的地步

清朝初期统治者对官员吃喝保持足够的警惕之心，对于官员吃喝的管理集各朝代之长，详细规定了官员吃喝的制度措施。清政府还规定，京官到地方去巡视、督查或公干，出差费用一律自理，而地方官员不得宴请出差官员和馈赠礼物。在清朝初期官员吃喝之风在一定程度上得到了遏制。但清朝沿袭了明朝的低俸禄，京官待遇尤其低，因此外放或出差成了一些官员发家致富的机会。地方官为了升迁，也会常年孝敬上级领导。二者相互作用，形成了在皇权体制下根本无法动摇的利益链。在这种大背景下，动用公款吃喝的现象极为普遍。

据史料记载，在嘉庆、道光年间，每年修缮黄河河道的费用高达数百万两白银，但真正用在河道修缮的不到十分之一，剩下的全部被官员吃喝或者贪污了。管理河道修缮的官员吃请宴席，小碗菜高达百数十道，厨师有数十人，宴会可以从下午一直到半夜，场面极其奢华。

古代官员为什么重视学习

中国古代官员重视学习是中国政治文化的传统。这一传统既是家声克振与家教的核心要求，也是古代中国治国体系和能力建设的基本要求，个人、家庭与国家在学习这一点上保持着惊人的一致。

"学而优则仕"就是对学习成绩的直接肯定，也是古代选拔官员的基本做法。在推举官员时，只凭学习好不行，还要有两个前提条件：敬孝、守德。这三者都具备的人才能够被认可、被推荐。

隋朝之后，科举考试逐渐成为选拔官员的主要途径。科举考试三年举行一次（隋朝、唐朝是一年一次、两年一次）。唐代录取进士，全国每次只有几人入选。清朝最多一次也只有399人。对于一个想进入仕途的读书人来说，这个数字说明科考具有"万里挑一"的难度。

做官之后，如何治理"属地""属下"？如何体现治理"业绩"？如何"立德、立功、立言"，青史留名、万古流芳？这一系列问题都是古代官员的必答题，都需要终生学习。"博学之，审问之，慎思之，明辨之，笃行之""朝闻道，夕死可矣"，这些都是古代官员重视学习的真实写照。

一、古代官员的学习是古代国家治理体系的重要组成部分

打天下容易，守江山难。古代中国的文臣武将都是建设国家、管理国

家不可或缺的重要支柱。古人云"武官打天下，文官治天下"，这是说一个王朝建立起来之后能否长治久安，关键要看"有文化的官员"的治理水平。那么，如何能够找到这样的治国能臣呢？

西周创设"分封制度"，管理天下由天子、诸侯、卿、士分级负责，并依照血缘世袭。到了东周，出现了客卿、食客等职位身份。秦朝时先后创制了"世卿世禄"制度和军功爵制。

汉朝建立后，发现以前的官员选拔制度不适用了，开始从民间选拔人才来管理国家。察举制与征辟制应运而生，即由各级地方政府向朝廷推荐德才兼备的人才，由州推举的称为秀才，由郡推举的称为孝廉。同时朝廷还向全国征召名望显赫的人士出来做官。但这种凭个人声望推荐官员的做法缺乏客观标准，人才难以为继。

魏文帝时，九品中正制在历仕曹操、曹丕、曹叡三代的重臣陈群的建议下创立，由特定官员，依据出身、品德等内容考核人才，分为九等录用。晋、六朝时亦沿用此制。但士族势力强大，集团利益造成了"上品无寒门、下品无士族"的现象，一定程度上影响了民间取士工作的正常开展。

隋朝时，隋文帝废除九品中正制，开始采用分科考试的方法选拔官员。隋炀帝时开始设立进士科，科举制形成。

科举考试通常分为乡试、会试与殿试。乡试第一名为"解元"，会试第一名为"会元"，殿试第一名为"状元"。史上连中"三元"的人屈指可数。

元末进士、清官高明写的《琵琶记》通过蔡伯喈的故事反映了一个人及第前后的身份变化："朝为田舍郎，暮登天子堂。将相本无种，男儿当自强。"被编进了语文教材的《范进中举》所描写的科举对国家、对家庭、对个人的影响力力透纸背，从中可以深刻感受到中国古代社会对读书人、官员、功名的评价及给予的待遇。

由此可见，一场科举考试可以将国家命运、家族命运和个人命运联系起来，是中国古代治理的国策，也是维护古代中国稳定与发展的坚强柱石。

用一些学者的说法，中国古代是通过"专家治国"而一直领先于世界，这也是中国文明一直没有中断的关键原因。

二、古代官员的学习能力是国家治理能力的
重要组成部分

隋唐之后，绝大多数民众可以平等参加科举考试。"君子之泽五世而斩"，爵禄职务不可世袭，富贵荣华并不牢靠，所以官员对子孙的告诫往往不是升官发财，而是"诗书为世业，清白是家传"。平民家庭则以"耕读传家"为荣。

官员代天子牧民，被称为"父母官"，推己及人，由家而国，为官一任不仅富民养民，也需教民谕民，务使晴耕雨读、诗书礼义蔚然成风，国家治理水平与个人修养相得益彰，这也是饱读诗书者的自觉价值追求。一把"万民伞"、一块"德政碑"，凸显古代官员的莫大荣誉。

科举考试制度在一定程度上体现了公平竞争、择优录用的原则，但通过科举选拔的官员并不敢在上任后就"马放南山，刀枪入库"，要实现"五谷丰登，万民乐业"的政治理想，还需要学习更多的各方面知识。科举中榜只能说明对"四书五经"等文化知识比较谙熟，社会、经济发展的多样性和复杂性对官员有更高的要求，这就需要他们不断补充知识和提升能力。

中国古代社会结构是以血缘关系为纽带的宗法制度体系，政治结构是以专制主义为核心的统治体系，两个体系互相融合、互相支撑，严密又牢固，形成了"家国天下"的格局，"家国情怀"也由此产生。

古代官员游走在这两个体系里，"居庙堂之高则忧其民，处江湖之远则忧其君"。古代官员职务级别与国家治理结构配套，有什么国家机器，就需要什么样的官员来管理。除了皇帝不可替换外，其余岗位原则上所有官员都有希望就任，任免当然由皇帝决定。

中国古代官员一般分为两大类，京官和地方官。属于"中央干部"的京官，一般在京城上班，地方官俗称"父母官"。京官离权力中枢近，但实际收入与地方官相差较大，权力使用受到皇帝和同僚的约束也比较多。地方官的职责极其庞杂，据记载"知县掌一县治理，决讼断辟，劝农赈贫，讨滑除奸，兴养立教。凡贡士、读法、养老、祀神、靡所不综"，甚至连"过年"的日期都要通知到每户人家。如果有百姓"过错了年"，地方官也会被人举报。

作为地方官，征收赋税、审理司法案件是两件最重要的事情。知晓法律是对地方官的基本要求，否则他们就无法合法判决。但是，法律的繁多复杂以及工作任务的重压，使得他们常常无法对法律有透彻的研究。一部《大清律例》有数千款条文，大部分地方官仅关注与司法程序和审判有关的律例，主要司法工作还是由幕友负责。如果发生错判，地方官就会被追究责任。

古代官员终生学习的内容涉及理论、诏令（文件）、业务、文学等。"讲习律令"、"熟习文法"、皇帝的诏令、国家典章、仪法制度、司法治狱的刑罚律条等无所不包。"书到用时方恨少，事非经过不知难"，只有你想不到的，没有用不到的。官员的能力有多强，政府治理的能力就有多强。

古代政府也有类似于"学习型政府"的制度安排，对官员学习都有明确规定。比如前秦皇帝苻坚曾下诏书："关东之民学通一经、才成一艺者，在所以礼送之。"意思是，老百姓中只要有精通一种经史书籍或者一项特别技艺的，所在地方政府必须依照高规格把他们送到京城，由中央选拔授予相应官职。后秦政府明确规定，一定级别的官员（岁禄百石以上者），如果"学不通一经，才不成一艺"的话，会被立即罢免。朱元璋建立明朝后，经常鼓励开国功臣们学习"事君有道，持身有礼"的文化知识、"保全功名"的历史知识，以达到"常以此为鉴戒，择其善者而从之，则可与古之贤将并矣"的效果。《大清会典事例》卷七四九《吏律公式》，载有一篇雍正三年皇帝批准的文件："嗣后年底，刑部堂官传集满汉司员，将律例内酌量摘出一条，令将此条律文，背写完全。考试分别上中下三等，开列名次奏闻。"翻查该年修订的《大清律例解》，"为四百三十六门，千有余条"，上述文件中规定要背写完全的"律文"，就有十万字左右，由其分解的"条例"更有数十万字。这从一个侧面反映出统治者对仕宦者必须坚持在职学习的要求。

明清两代的督抚本身还兼军职，负有战守之责。一代大儒王阳明先后带兵平定了多次叛乱；曾国藩率湘军东征，身边将领如罗泽南、胡林翼、郭嵩焘、刘蓉、左宗棠、李鸿章等大多是读书人，他们朝出鏖兵，暮归讲道，上马杀贼，下马读书。湘军悍将曾国荃的志愿就是"百战归来再读书"。李秀成后来总结太平军失败的原因之一便是军中缺读书人。

千年来科举制的确选拔了不少治国安民的"政治家"。他们维护和巩固了封建统治，也为中华民族的繁衍生息作出了贡献。他们是古代治国能力的"形象代言人"。这些"政治家"不仅成就了国家，也成就了自己。

三、古代官员学习是社会价值取向
和个人价值追求的共识

"万般皆下品，唯有读书高"。士农工商中的士就是读书人，居各阶层之首。这句话虽经受诟病，但在古代中国确属实情。古代中国的社会价值体系给每一个家庭、每一个读书人都指引了奋斗方向。每一个家庭、每一个读书人又通过奋斗，为这个社会价值体系充实了许许多多鲜活的成功案例，激发了更多读书人学习的激情。这样循环往复，古代中国治理体系就更加完整与坚固，治理能力不断提高，甚至可维持数百年江山不倒。可以说，一个王朝在中华大地上延绵数百年，不仅仅是统治者的传奇，更是读书人的成就。

　　文化是中国古代政府治理能力的来源，不学习就会慢慢丧失治国的能力。中国古代政府治理的"治"，是建立社会的有序状态和对社会秩序的维护与巩固，是"君君、臣臣、父父、子子"。在这种治国理念下，保守与维护秩序就成了同义词。因为在古代只有确立了"亲属贵贱、上下有等"的等级制度，国家政局的走向才不会动荡不稳，才能保证国家政令畅通、秩序井然。这种体系虽然让中国丢失了几次迅速发展的机遇，但也使古代中国成为延绵数千年的稳定的庞大帝国。

　　维持这个庞大帝国运转的就是中国传统文化，"杰出的"读书人就是国家与社会发展的"操盘手"。这些官员也维持着千千万万个散落在中国大地上的家族的延续，以及规范着家族屋檐下"尊卑有序"的家人。联系家族与国家秩序需要有一个共同的"家国同构"体系，这就是全世界独一无二的延绵数千年的宗法制度。宗法制度由氏族社会父系家长制演变而来，是按血缘关系分配国家权力，以便建立世袭统治的一种制度。宗法制度的特点是家族组织和国家组织合二为一，宗法等级和政治等级完全一致，它的精密、宏大令人叹为观止。宗法制度可以对应到全国每一个人、每一个"思想闪念"、每一种行为，并对这些言行进行价值判断，作出奖惩决定，奖励有 "入族谱""进祠堂"等，惩罚有"逐出族谱"等。宗法制度还规定妾不能入葬祖坟。袁世凯的母亲是其父亲的妾室，后来即便是已经身居高位的袁世凯，也只能在其母亲去世后另外购地安葬。这充分体现了宗法制度的严格与执行力。死在宗法制度下的"不肖子孙"不计其数，这在许多文学作品里都有体现。

　　宗法制度确立于夏朝，发展于商朝，完备于周朝，影响于后来的各封建王朝。按照周代的宗法制度，宗族中分为大宗和小宗。周王自称天子，是天下的大宗。天子除嫡长子以外的其他儿子被封为诸侯。诸侯对天子而言是小宗，但在他的封国内却是大宗。诸侯的其他儿子被分封为卿大夫。卿大夫对诸侯而言是小宗，但在他的采邑内却是大宗。从卿大夫到士也是如此。因此贵族的嫡长子总是不同等级的大宗（宗子）。大宗不仅享有对宗族成员的统治权，而且享有政治上的特权。后来，各王朝的统治者对宗法制度加以改造，逐渐建立了由政权、族权、神权、夫权组成的封建宗法制。

宗法制度带给读书人无法拒绝的"奖励"，即功名。如果你中了秀才，你就享有各种特权：免除徭役，见到县级官吏不用跪，越级上访，建房可以比普通人家屋檐"高三寸"，个人免纳税纳粮。如果你中了举人，就拥有"国家公务员"编制了，吏部注册后可做候补官员，并且全家人都不用纳税纳粮，还可以与县令平起平坐。如果你中了贡士，就有机会直接参加殿试获取更大功名：一甲三名，赐"进士及第"的称号；二甲若干名，赐"进士出身"的称号；三甲若干名，赐"同进士出身"的称号。这关通过，通常情况下可以直接被授予官职。状元授翰林院修撰（从六品，品级虽然低但是靠近权力中心，提拔速度快），榜眼、探花授翰林院编修（比状元差半级，正七品，同样前程似锦）。如果你是进士中的二甲三甲，在殿试结束之后，综合前后考试成绩，择优入翰林院为庶吉士，即俗称的"点翰林"，也是非常荣耀的事情，一般都会说"中了进士"，"点了翰林"，意味着前程似锦。

未能被点翰林的进士则直接分配工作，分别授以主事、中书、行人、评事、博士、推官、知州、知县（官职从正六品、从六品，正七品、从七品到正八品不等）等职。虽然这些官职低，但加上进士名头，也就是一辈子吃"皇粮"，衣食不愁了。

有了功名之后穿着也与普通人不同了，可以穿长衫，头上戴方巾，脚上穿长靴。明朝的秀才还可以佩剑，且不用"路引"（离乡证明）。在明清，举人、进士也有顶戴和补服，一看就知其身份。

那时有功名的读书人的书法作品也会受到追捧。历朝历代秀才、举人、进士及状元的书法作品都会被人收藏。如果家里有几幅他们的"墨宝"，全家人都会觉得"蓬荜生辉"。如果流传到现在，就是重量级文物了。

如果能高中状元，那就不仅仅是一个家族的光荣，而是一个地方的光荣，也是国家的光荣。北京"国子监"至今还保存着每一个状元的"墨宝"——科举状元考卷，并且还用石刻展览，供天下学子临摹、瞻仰。

最令人惊叹的还不是历届状元的"先进事迹"，而是"连中三元"，甚至有"六元会首"的"文曲星"，他们是状元中的状元。

黄观，此人堪称古代科举史上第一人，他先后经过六次考试（县试、府试、院试、乡试、会试、殿试），均获第一名，后人赞誉他"三元天下有，六首世间无"。黄观是科举史上唯一一位六元会首。明洪武二十四年（1391 年），时年 28 岁的黄观高中状元。年轻有为的黄观很快获得明太祖朱元璋的赏识。建文皇帝继位后，黄观成为建文帝的心腹。建文四年（1402 年），南京被攻破，黄观得知建文帝殉难后，毅然投江"殉国"。

商辂，浙江淳安人，明朝第二个连中三元之人。他 21 岁时就高中浙江解元。之后十年，商辂却连续三届会试落榜。直到明英宗正统十年（1445 年），商辂才时来运转，连续取得会试及殿试第一名，被称为明朝历史上第二个夺取解元、会元和状元三顶桂冠的人，后来他还成为首辅，继续创造了状元传奇。

钱棨，江苏苏州人，清朝乾隆时期的状元，也是历史上第二位"六元状元"（县试、府试、院试、乡试、会试、殿试均为第一名）。钱棨虽然是六元状元，但他的科举之路可谓坎坷，六进考场，六次落榜。直到 47 岁时，他才连中解元、会元和状元，被称为清朝历史上第一个连中三元之人。

陈继昌，广西临桂人，清朝嘉庆年间的状元，也是历史上最后一个连中三元之人。嘉庆十七年（1812 年），陈继昌高中广西解元，时年 22 岁；八年后，高中会元和状元。令人惊叹的是，陈继昌不仅连中三元，还是抱病参加了殿试，可见其水平之高。广西在明清时期，属于"科举荒漠"，能够中进士的人极少。陈继昌能够连中三元，堪称奇迹。

除了这四个连中三元之人外，宋、辽、金和元也有连中三元之人，但大家普遍认为宋朝科举含金量不够高，辽金元三朝的科举随意性很大，公平性也欠缺，因此这些朝代连中三元之人就没有被重视。

不少古代官员仕宦一生，既是为自己的"家国情怀"，也是为个人赢得"生前身后名"。"修身齐家治国平天下"是他们的选择，如果"功"不在朝廷，就自己恪守"立德立功立言"的人生目标。"立德立功立言"即"三不朽"，语出《左传》："太上有立德，其次有立功，其次有立言，虽久不废，此之谓不朽。"唐代孔颖达对"三不朽"分别作了解释："立德，谓创制垂法，博施济众；立功，谓拯厄除难，功济于时；立言，谓言得其要，理足可传。"立德指道德操守，立功指建立功绩，立言指表明真知灼见的言论。古代官员不但要学习如何做官，有些官员还将自己做官的心得写成书，公开出版，作为后来做官者的学习参考书，以达到立言的目的。在出版印刷业兴盛的明清时期，这类出版物非常畅销。清朝封疆大吏刚毅任云南按察使时，命人编纂了一部《官场必读》，将各项公文分类编纂，遍赠僚属，以资辅佐。汪辉祖曾经当过14个官员的幕友，自己也当过知县，官场经验极为丰富，写了一本《学治臆说》，该书被称为知县教科书。专业性书籍如宋朝的《洗冤集录》、清朝的《宝鉴洗冤录》《刑钱指掌》《福惠全书》等，都是有关刑侦、法医、听讼之类的名篇，流传甚广。像《钱谷大要》这类有关征税的书籍，在古代也很受追捧，这有助于提升官员的学习与工作方法。

一些官员在著书作文方面勤勉笃毅，成为做官和作文两方面的典范。大凡为官一生，"致仕"（退休）时一般都要"刻部稿"，企盼给后世留下一点雪泥鸿爪。汉唐以来大小官员中，身为思想家、文学家、史学家的就不少，文化人和政治家的身份往往合为一身，特别是自魏文帝曹丕把文章提到"经国之大业"的高度后，诗文著述就成为官员的基本技能。古代官员大多能咏诗言志，赋词怡情，并将其融会于从政实践中，涵养为一种以读书铺就为官之路、以为官提升品性的优良传统。唐宋官员几乎人人都有

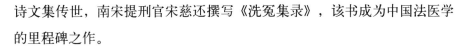

诗文集传世，南宋提刑官宋慈还撰写《洗冤集录》，该书成为中国法医学的里程碑之作。

著书讲学，在古代官员们看来这也是儒家思想赋予他们的社会责任，可正官风，倡士风，教民风，化民成俗，开悟民众。故而在古代，读书往往会伴随官员们一生，这既是工作要求，更是个人的精神追求。

中国古代的官员选拔制度

在任何朝代，官员选拔制度都是治国理政体系和能力的核心。在中国历史发展的长河中，古代官员的选拔制度历经了世官制、军功爵制、察举制、九品中正制和科举制。古代官员的选拔准则也由最初的血缘关系、家庭出身，逐渐发展到个人通过奋斗可以获得的军功、才德才学等；选官办法从世代为官到由当地官员推举产生，再发展到中央面对全国统一举行考核；考核机制也渐渐从最初的漏洞频出到逐渐严谨和科学合理。总体来看，中国古代的选官体制是向着更加客观化、体制化、科学化的方向发展的。

一、从举贤任能到世袭制度

原始社会前中期，部族领袖的推举主要取决于个人能力和威信，这是出于在大自然中获取食物的需要。到了原始社会末期，氏族、部落和部族在推举首领的过程中，形成了以"贤"和"能"为标准的选拔准则。在这一时期诞生的"禅让制"注重德才兼备，符合标准的人就可以被推举为部落首领，带领大家团结起来，维持部落的生存和发展。尧、舜、禹就是在这个标准下产生的代表人物。在此之后，大禹将首领的位置让给其儿子启。从此，"世袭制"取代了"禅让制"，血缘关系取代了"贤""能"标准，"家天下"的局面形成，古代的中国进入世卿世禄制时期。

在世袭制度下，王位、职官均可世袭。夏商周时期的卿大夫由家族内

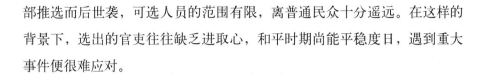

部推选而后世袭，可选人员的范围有限，离普通民众十分遥远。在这样的背景下，选出的官吏往往缺乏进取心，和平时期尚能平稳度日，遇到重大事件便很难应对。

二、军功爵制开拓唯才是举的局面

到了春秋战国时期，政治争夺和军事斗争变得日渐尖锐和复杂，诸侯国疆域愈发广阔，政事日渐繁复，各国也渐渐提高了对官员政治、军事方面的"业务能力"的要求，各国开始逐步废除以血缘关系选官的准则，代之以奖励军功、提拔寒微、重新任贤用能，以适应当时对政治与军事人才的迫切需要。

这个时期，秦国变革最为典型和彻底。商鞅在其主张的变法中明确提出"宗室非有军功论，不得为属籍"，意思是士人进阶，必然有军功。这一改革，使得已经固化了近两千年的社会阶层开始出现活力，更多的"草民"凭借"敌人的首级"挤进了"士大夫"行列，秦国也因此获得了大量的有用之才。这一选拔官员制度的坚决推行，使得秦国日渐强盛起来，为之后统一六国打下了重要基础。

汉朝继秦而兴，前后历四百余年，经济、文化及国家的统一有了新的发展。汉朝沿袭秦制，用二十等爵制作为选拔官员的制度，这对经济、文化的发展起到了重要作用。汉朝前期官员选拔制度还是以奖励军功为基本特征。但随着政治局面的安定，二十等爵制的弊端也渐渐凸显。汉武帝与时俱进，采纳了董仲舒"独尊儒术"的主张，将人才选拔标准改为首尊儒家道义。此后，察举成为入仕的正途，举孝察廉亦成为官员一种义务。察举制使得选拔官员的范围更为宽广，选官时不光注重军功，也注重德才兼备，使得这一时期的文人有了更多机会步入仕途。之后汉朝北逐匈奴、西通西域，开疆拓土，成绩斐然。这些成就无不与汉朝有德才皆优的政治团队有很大关联。

东汉末年至三国时期，在战乱频繁的背景下，人才选拔仍然是以"唯才是举"为主，使用此选拔方法的典型人物当数曹操。曹操获得人才的方法可以用十个字概括：征辟、投效、推荐、纳降、强征。他用这样的方式笼络了一大批文臣武将，使自己的军政集团日渐强盛，为后来魏国的建立、发展以及之后晋的统一奠定了牢固的政治基础。

但是，东汉中期及之后，察举制开始走向衰落，请托之风开始抬头，察举过程多有舞弊，产生了"举秀才，不知书；举孝廉，父别居"的怪象。政府不得不加试州郡举荐来的人才，"诸生试家法，文吏课笺奏"，以此来考核被荐者儒学典籍的掌握程度和公文处理的能力。除推荐之外，辅以考核与筛选，一定程度上防止了营私舞弊，为公平选拔提供了一定的保证。

三、九品中正制上承下启开新篇

九品中正制上承两汉察举制，下启隋唐之科举，在中国古代政治制度史上占有十分重要的地位。九品中正制实际是两汉察举制度的延续和发展，或者说是察举制的另一种表现形式，也为科举制产生提供了思想前提与存在的土壤。

魏晋南北朝时期实行的九品中正制，是在原来品德、学问、家世三个标准的基础上形成的官员选拔制度。政府任命熟悉各地风土人情的中央官员担任中正，发掘各自故乡的人才，并以才德高下划分为九个品级上报中央，中央依照品级择优录用，这在一定程度上为国家遴选了许多得力之臣。但这样的选举制度，由于在选拔程序、选拔对象和选拔细则等方面没有规范化和制度化，加之缺乏有效监管，导致其过程黑幕重重，腐败滋生。被举荐之人或限于与荐主相熟的门生故吏，或为互有往来的世家大族，效果难以达到预期。到了中后期这种情况愈发严重，东晋、南北朝时期，中正官在选拔人才时毫无顾忌，唯以门第为宗，一时出现了"上品无寒门，下品无士族"的态势。家世门第重新成了唯一的选拔准则，这几乎让历史倒退到了世卿世禄制时代。这样的背景下，在东晋与南朝产生了影响巨大的门阀政治。

四、科举取士制度照耀历史星空

隋朝在选拔人才上有了较多尝试和创新，其中以科举制最为典型。开皇十八年（598 年），隋文帝下诏令让诸郡举荐人才，并主持举行秀才、明经二科考试，只要考试合格，即录取入仕。隋炀帝即位以后进一步设立了进士科，科举制正式形成。应试者怀牒自进，只要报名就可以应试，只要具有真才实学，就有机会获得为官资格。这种制度大大拓宽了招纳人才的范围。

唐朝进一步继承和发展了科举制度。唐太宗在进士科、明经之外，又新增明书、明律、明算的考核科目。武则天增设了武举和殿试，科举制度获得了更进一步的发展。

唐代的科举试题最初是由吏部来管理，之后移交给礼部，考试的规格和要求都很高，受到当时举国上下的重视。进士科主考诗赋、经义和时务策三门，侧重考查写作能力，较有难度；明经主考经义和时务策，偏于记诵性内容，难度相对较低。这一时期考查的更多是个人的真才实学。平民通过寒窗苦读，便有机会投身仕途，这一制度一定程度上缓解了当时社会阶层的固化，很大程度上提升了士人的进取之心。将各地的优秀人才纳入国家管理系统，提升了政府官员的素质，可以带来更有生命力的国家新局面。

唐代在考核制度上同样也有许多漏洞，也出现了走关系和科考舞弊等现象。唐代诗人杜牧就经历了这样的事情，考试没开始名次就已经内定了，且考官承诺的名次和考后张榜时的名次丝毫不差。《新唐书·选举志》中记载："试之日，冒名代进，或旁坐假手，或借人外助，多非其实。"这说明在当时作弊手法就已经很多了，如替考、夹带、传抄等，作弊比率也是高得惊人。

同时，唐朝的科举考试录取人数并不多，每次通常是十几人到二十余人。到了两宋，录取人数才增加到三百人左右，还取消了唐朝禁止工商杂类行业参加科举考试的限制。科举制在宋朝成了几乎适用于全社会的入仕方式。

北宋吸取了唐代科场舞弊的教训，创立了糊名制、誊录法、锁院制，并采取了临时差遣、岁月换主考、设置正副主考使其互相监督等方法制约考官，并推行朝官子弟审核结果制，以防止舞弊。另外，宋朝还设立了州试、省试、殿试等三项考核机制。宋朝还精简了人才程式，殿试得中者立即授官。这一时期选官机制更加标准化、程式化，考核组织也更为严密。在宽泛的选拔范围、相对松弛的政治生态和更为公正的选拔制度的环境下，两宋期间出现了布衣卿相的良好局面。

与宋朝不同，元朝前期的官员选拔主要采取世袭制、推举制等方式。元世祖忽必烈即位后，设立国子学，并亲自选取符合条件的蒙古子弟入学，让他们学习儒家经典文史，借以培养统治阶层人才。1289 年，忽必烈下诏，将江南人口户籍按等级划分，次年施行推举制度，此前划分出的等级则成为后来户计的依据。到 1313 年科举制度才得以恢复，以程朱理学为考核内容，其间总计举行了 16 次考试，选拔了蒙古、色目、汉人、南人进士千余人。但为了保护本族利益，元朝对汉族考生的考试会增加难度，且汉人只有蒙古人与色目人一半的录取名额。其中虽然存在着政治倾斜，但科举的复办，仍然对怀柔汉族人士有一定的积极作用。

五、八股取士重在标准

到了明清时期，应试内容变成了八股文。八股文尽管也能体现一部分应试者的才学，但对文章束缚过多，限制了参与者的创造性，顾炎武也曾批评称"八股之害，甚于焚书"。当然从文章评阅制度角度来看，八股文也有评分标准更具体、参考答案明确的优点，这使得在考试选拔这一层面上更加标准化和可执行。同时，作为一个少数民族政权组织，清政府为维持政权统治稳固，同样为本族人设置了更为宽泛简捷的入仕途径，并予以更多的政治特权。

每个社会发展阶段、每个王朝，都存在着不同的官员选拔制度。但总体来看，选官体制是在向着更加客观化、体制化的方向发展，反映的也是渐渐趋同于由上而下的选拔。另一方面，各种官员选拔制度也体现了各个时期中国社会资源的分享状况、中国社会层级的确定过程以及官员选拔制度中所包含的个人经济社会地位的变化。而不同的官员选拔制度，也对中国古代社会产生了不同的影响。

古代幕府制度

古代中国的幕府制度是指权臣、疆吏、戎帅、牧守引荐亲信士人以入府署参与行事决策的制度。"幕府"原意是指古代将军的府署（因军队出征时使用帐幕故称幕府），也指将领运筹帷幕。幕府中的僚属称幕僚，故幕府制度也称幕僚制度。幕府制度在封建统治中具有特殊的作用。

一、幕府制度的发展历程

幕府制度可追溯到夏、商的家臣，西周的命士，战国的养士。实际上真正的幕府制度，形成于秦汉，成熟于魏晋。

秦汉时期是封建官制体系创建时期，当时的分工还不细，机制也不完备，导致各级官员很难单独完成朝廷赋予的职责。后来，三公、郡守开府自辟掾属、令史以为辅佐差使，这种制度也就被保留了下来。这些属官起初是官内编制，但在实践中逐渐区别于正规职官。这种现象在地方上更加明显。西汉州刺史为朝廷派出巡察郡国的官员，不能像郡守那样设置开府，一个刺史管理多个郡国，经常忙不过来，遂"皆有从事史假佐"。东汉时，刺史正式成为州级行政长官，更有了"皆自辟除"僚属的权力，幕僚机构随之膨胀。

魏晋时期政治动乱，封建官制紊乱，幕僚职能空前活跃，幕府制度发展更加成熟。隋唐统治者曾废禁自辟幕府制度，但后来因为门荫、科举、流外入流等入仕途径导致一批有才之士得不到任用，所以承认并利用无编制限额的幕府辟署吸纳人才，对国家和社会都是利大于弊。为了吸引人才，往往给幕职官各种优待，包括官职、金钱，至于礼贤下士者更多。比如浙西观察使李栖筠，"虚心下士，幕府盛选才彦"；徐泗节度使张建封，礼贤下士，"天下名士响风延颈，其往如归"；义昌节度使浑瑊，"卑礼下士，召置幕府，得一时之人"。也可以看出，幕僚制度逐渐延续并完善。

在宋朝，中央对幕府限制较严，聘用方式由自辟改为中央任命，大量幕职编入正官。其实这也是为了监督主官，加强中央集权，是幕府制度发展的一个重要转折点。元、明时期为加强中央集权，基本上采取了宋朝的做法。

清朝中央委派幕职的制度因职官制度的完备和职官的分工细化，已没有存在的意义，于是幕僚又变为私聘。被聘入幕者只是各级幕主处理政务公事的智囊和代办，也就是我们常听到的师爷或老夫子。其中师爷主要为幕主出谋划策、参与机要、起草文告、奉命出使、联络官场等。清朝幕僚的地位，已不能像古之长史参军那样可与正官相提并论了。

民国之后，在中国延续了两千多年的封建官吏制度被效仿西方的各级政府、议会、司法体制替代，传统幕府这种个人色彩浓厚的佐官体制也失去了其生存的基础和意义，逐渐消亡。

二、幕府制度的主要特点

幕府制度与中国封建社会始终相联系，具有深刻的社会原因。古代封建中央集权制度的权力过于集中，以及"人治"为主要特征的统治方式，是造成幕府制度迅速发展的主要原因。封建等级制度的长期存在，使大量出身低微的士人把入幕当作唯一的上升之路，这也是幕府制度赖以存在的社会基础。幕府制度的特点主要有以下四点：

（一）幕府是各级封建统治者最重要的佐理之一

幕府的僚属多为主官自辟，或有奏请、私聘。多数幕僚没有固定职掌、不入品秩、不见编制，与一般佐官属吏有一定差别。但是，幕僚大多数是幕主的亲信，他们是依附于封建统治阶级的一个地位特殊的阶层。

（二）幕僚在封建统治中有特殊作用

幕府机制往往有削弱或取代正规官制的重要特征。在每次政权更替的时候，新君主往往把自己的幕僚班子转化为新王朝的行政中枢，然后培养新的幕僚班子削弱或取代原官制。封建职官制度出现的内外有别、职权分离、名实不符等现象，其实都和幕府制度有关。

（三）幕府多为地方军政大员所置

从一定意义上讲，幕府制度的发展是地方势力对中央的抗衡。幕府制度的兴废，往往是中央和地方势力消长的晴雨表。

（四）幕府制度是对封建官制的重要补充

封建官制中决策、行政、监察三方分立但又互相牵制的体系，并不能完全解决统治阶级内部的矛盾冲突，维持势力均衡。幕府的特殊机制发挥了特殊功能，达到了维护特殊利益的目的。

三、成为幕僚的条件——以宋朝为例

纵观古代幕僚的产生和发展过程，古代幕僚与幕主并无隶属关系，所以不同时期的每位幕主对幕僚的要求不同，也没有统一的任用标准。以宋朝对辟士取客的标准为例，一位成功的幕僚需要具备以下条件：

（一）有智识，能谋断

宋朝《册府元龟·幕府部》对幕僚的能力素养明确了以下要求：

1.需要具备较强的文书处理能力

幕僚需"擅笔牍之敏，驰文雅之誉；辞令尚乎体要，书檄畅于事情，铭记极于湿润，赋咏臻于典丽；用能飞腾光价，抑扬望实，耸和门之风采，为士林之矜式，固可以隆宾礼之异数，为道义之益友"，就是要求行文迅速又能保证质量，能抓住重点，又颇具文采。

2.需要有一定的学术功底

幕僚才学必须"藻翰英发，学术渊奥，洽闻强识，稽古博达"。范仲淹言："幕府辟客，须可为己师者乃可辟之，虽朋友亦不可辟。盖为我敬之为师，则心怀尊奉，每事取法，庶于我有益耳。"

3.需要具备较强的参谋进谏的能力

幕僚需"深识政本，洞达治要""究时之利弊，知事之善败，察奸宄之情状，辨强弱之形势""援经义以正大体，酌物理而见未然，用能释患而解纷，成务而宣绩"；并且要擅长谋断，能"见几而作，乃有受署戎府，参佐郡务，咨以策画，赖其协赞""参议政典，经论戎务，决机制胜，料敌应变，虑必周物，举无遗策；斯固心术明晤，出于中智之上，识理深粹，预乎天下之精者已"。

（二）品性公正清廉

幕僚应做到公正、是非分明、清廉。"公正"应是"率性蹈道，中之不倚，毅然其色，确乎其志其行"；宋朝《册府元龟·幕府部》"规讽"一章中"必激切忠告，奏记尽规，谕以正道，革其非心"和清朝著名幕僚汪辉祖《病榻梦痕录》中的"公事不宜迁就""以效力于百姓，使邑人皆曰主人贤，庶几无愧宾师之任"，都对幕僚的是非观念作出了明确要求。"清廉"要求幕僚具备"天委之货财不亏其义""敦尚名检、批项廉隅"的品德，言行应"奉身居家，俭而七度，轻财辞赂，举无矫饰；受赐不思于苟得，安贫未闻于改乐"。

（三）"尽言""慎事"

清朝著名幕僚汪辉祖所著《佐治药言》中要求居幕者理当尽心做到"公尽于事，必竭所知所能""一动念务在慈祥，一启齿务存忠厚，一下笔务皆慎重"。在进言献策时需知"一人之谋，不敌两人之智。如以是非切己，坐视其失，而不一词或以己所专司，不容旁人更差一解，皆非敬公之义"。

幕僚作为一个被国家承认、相对独立的依附上层社会，并与正官并行的政治力量，其作为执政者智库的作用在实践中是非常明显的。

幕府制度以正官自主用人为基础，其实质是建立长官或主官与幕僚或幕友之间的私人或亲信关系。我们也可以清晰地看到，在封建社会时期，任用私人或亲信始终是一种政治需要。因此，幕府制度可以看作一种任用私人或亲信的政治制度。这种政治制度的长期存在，从行政上说是基于行政的效率和效果。还有另一种说法，是为了获得行政的有效性，行政体系中需要形成亲密的、可靠的关系。这种"公"中有"私"的状况，可以说是中国传统政治的一个重要特质。不过，就制度而言，行政任用私人或亲信是制度化低下的表现。相对来说，从汉朝以来建立在荐举制基础上的任命制，尤其是隋唐以后建立在科举制基础上的任命制，制度化的程度要高得多。从理论上说，随着制度化程度的提高，辟署制终究要被任命制所取代，传统政治的实际发展也说明了这一点。

第二部分

立法与司法

古代环境保护立法的启示

我国古代的传统文化源远流长、包罗万象，从儒家的"天人合一""仁民爱物"思想，和道家的"道法自然"理念中，可以看出环境保护理念的思想根源。

一、古代环保法令的演变

中国古代环保立法历史悠久。相传夏禹曾下禁令："春三月，山林不登斧斤，以成草木之长；夏三月，川泽不入网罟，以成鱼鳖之长。"由此可见，古人已经意识到保护环境的重要性，因此非常重视对自然资源特别是生活资源的保护。西周时期也曾颁布《崇伐令》："毋填井，毋伐树木，毋动六畜，有不如令者，死无赦。"这些可以算是世界上较早的有关环境保护法规的记载。而秦朝制定的《大秦律》的《田律》则是迄今世界上已发现的最早的保护环境的法律条文。其中对环境保护的范围涉及森林、植被、水、动物等。

汉朝根据"天人合一"的思想提出"敬天顺时"，顺应时节。汉代淮南王刘安所著的《淮南子》也记述了相关的内容："故先王之法，畋不掩群，不取麛夭，不涸泽而渔，不焚林而猎。豺未祭兽，置罟不得布于野。獭未祭鱼，网罟不得入于水。鹰隼未挚，罗网不得张于溪谷，草木未落，斤斧不得入山林……鱼不得长尺不得取，彘不期年不得食。是故草木之发若蒸气,禽兽之归若流泉,飞鸟之归若烟云。"隋唐时期,佛教思想一度流行,"不杀生"的理念对当时的环境保护立法产生影响,同时也伴随着合理利用资源,可持续发展等一些环境保护思想。到了宋朝,由于战争对环境的破坏,自然资源相对枯竭,于是环境保护立法更多地体现在保护自然资源的可持续利用上,尤其是对生物资源的保护上。元朝时期,建立了元朝的蒙古族是游牧民族,因此非常注重对草原等自然资源的保护。明清之后,环境保护方面的立法以保护资源的可持续利用为重点。在此期间,由于社会经济的发展,人口增长,对自然资源的需求逐步增多,环境保护的范围也在扩大。

二、中国古代的环保经验

我国古人在人与自然和谐相处共生的探索中总结出了丰富的经验,这些经验指导着人们的生产实践。

(一)"天人合一"思想

古代中国的"天人合一"思想,主张人类要与大自然和谐相处,人类不能破坏大自然的生长规律,强调要合理利用自然资源,反对毫无节制的掠夺行为,认为人如果违背了自然规律,就会招致可怕的后果。正如孔子所言,"获罪于天,无所祷也"。老子也强调:"人法地,地法天,天法道,道法自然。"意思是人是自然的一部分,人的发展要遵循自然规律,不然便是违背"道"。孟子、庄子也有这方面的论述。这些观点对后世产生了非常大的影响。

(二)有关环保的立法

古代中国关于环境保护的立法体现在这两个方面:(1)强调按季节合

理开发利用自然资源。人类的生活生产都离不开自然资源，古人认为要遵循自然资源生长规律，合理开发利用自然资源。荀子说："天有常道矣，地有常数矣。""常道""常数"就是要求人们按季节合理开发利用自然资源。（2）相关领域的法律协调一致，加强对环境的保护。古代各朝代不但制定保护环境的律法，还在其他领域也制定了制度以有效落实环保措施。比如说，对于一些进入市场的商品加以管制，"五谷不时，果实未熟，不鬻于市；木不中伐，不鬻于市；禽兽鱼鳖不中杀，不鬻于市"。意思是，未成熟的五谷、果实、不该砍伐的树木、不该杀的禽兽鱼鳖都不许上市，甚至在非常重视的祭祀活动中也显现出保护自然的意图，规定"命祀山林川泽，牺牲毋用牝"，就是说，在春天祭祀大礼中，因母兽都在孕育幼兽，不能用母兽，只能用公兽。

（三）对破坏环境者的处罚力度非常大

环境一旦被破坏，后果将极其严重。由此，古代中国历朝历代都以严刑峻法处罚破坏环境者，以达到威慑的目的。春秋战国时期的齐国就规定："苟山之见荣者，谨封而为禁，有动封者罪死而不赦；有犯令者，左足入，左足断，右足入，右足断。"当时的秦国法律规定，如果有人往公共道路上丢弃草木灰，会被处死。另外根据记载，在殷商时期就有了类似的规定，只是处罚的结果是断手。由此可见，对环境保护的规定中会常出现残酷的肉刑。汉文帝废除肉刑，但之后历朝历代的处罚还是很重。唐朝的法律规定："诸于山陵兆域内失火者徒二年，延烧林木者流二千里。"这个处罚很重，因为当时的流刑仅次于死刑。甚至对那些不按时烧野草及秸秆者也要进行处罚："诸失火及非时烧田野者笞五十。"对于乱砍滥伐者处罚更加重，"诸……毁伐树木稼穑者准盗论"。此规定意味着，对于这类违法行为一般对照强盗罪论处，而当时强盗是刑法打击的重点，可被处流刑甚至死刑。之后的宋朝、明朝也有类似的规定。

（四）设置环保机构

通过探寻古代中国环保机构的职能，我们发现古代各个朝代设置的环保机构非常符合环境保护的客观状况和规律。一方面，环境是一个整体，生态系统各组成部分之间不是彼此孤立的，而是相互联系的。历史上水土流失的发生、河流湖泊的干涸、沙漠的扩大、物种的灭绝等，都与森林植被被破坏有着直接或间接的关系。这些问题不是一个部门就能完全处理好的，需要相关部门的合作配合。另一方面，环境保护与其他领域具有内在的融合性。环境保护涉及社会多个部门和领域，保护环境是一项综合的系统工程。古代各朝各代将环保部门与相关部门统属于某一上级部门，比如周朝，虞部直属于大司徒，秦汉之际归属少府，隋唐以后由工部统辖，所属的这些上级部门除了负责发布环保禁令以外，常常还兼管各项工程以及屯田、交通、水利、农林渔业、手工业等部门。这样设置的目的就是便于协调各个部门，有利于环保工作的开展和环保目标的实现。

古代政府如何应对请托问题

所谓请托，通俗来讲，就是拉关系、走后门，凭借"人情"或者"权势"，干预司法公正、获取不法利益。请托会干扰公权力、助长贿赂、贪污腐败，滋生朋党政治，危害巨大。古代政府将制止请托作为官员管理的重点，制定了一系列的政策措施和法律条文，制止和惩戒请托行为。

一、回避制度为请托建立"防火墙"

中国古代的回避制度主要是针对官员，目的是防止官员的亲戚朋友、同事请托，始于汉代，一直沿用至今，影响深远。

请托之事最容易在亲属之间发生，"枕边之风""亲友人情"是请托最常见的形式。鉴于此，古代政府建立了亲属回避的制度措施，严防身边人。东汉时期禁止有姻亲关系的人在一处为官，魏晋南北朝时期除了姻亲外，还禁止亲属在同一个部门供职。唐宋时期凡是涉及本族的亲属和姻亲都不能在同一处为官。元明时期明确规定宗室可以世袭封爵，但不能做官。清朝时期规定部分官职有祖孙、父子、叔伯、兄弟关系的，不得同时在同一衙署任职。

为了更好地防止请托，中国古代还把官员安排到远离自己家乡的地方去当官。如：汉朝时期明确规定宗室到地方做官，不能在首都附近；唐朝时规定为官者不可在自己的家乡为官，也不可在邻乡做官；宋朝时期规定为官者不仅不能在家乡为官，不是自己的家乡但是购置有地产的地方也不能为官；清朝时期规定不能在自己老家方圆 500 里之内为官，否则一律官降一级；等等。

为了全方位防止请托，中国古代还在科举考试的时候采取师生回避制度、在诉讼官司时采用职务回避制度，并且对请托者进行法律制裁，对亲属回避和地域回避进行了补充完善。

二、对请托者课以重刑

回避制度只是古代政府对请托的预防措施，真正让请托者止步的是建章立制依法追究其刑责。在汉朝时期，官员一旦被发现有请托行为，就要被苛以"听请"罪，不分事情的大小，也不论官职的高低，一律革职发配边疆充军。唐朝在沿袭汉朝的基础上，对请托罪进行了更加严格和细致的划分。据《职制律》记载："诸有所请求者，笞五十；主司许者，与同罪。已施行，各杖一百。所枉罪重者，主司以出入人罪论；他人及亲属为请求者，减主司罪三等；自请求者，加本罪一等。即监临势要，为人嘱请者，杖一百；所枉重者，罪与主司同，至死者减一等。"

三、宋朝废除公荐制度

唐代科举考试盛行"公荐"制度，即主考官不以成绩为唯一依据，可以兼采举人在社会上的德才声望，制出名单顺序，以供录取时参考。公荐制度有举荐贤才的作用，可以减少单凭考试决定取舍带来的弊端，但是在当时的历史条件下，公荐制度为官僚权贵请托营私提供了方便。公荐制度的存在，导致科举中徇私舞弊的现象时有发生。

宋朝以前，公荐请托之风盛行，严重到"非保任则无以自进"的地步。名义上是出于公心，实际是请托，在没有考试之前，结果已经内定。于是，寒窗苦读十年的考生们为了能高中，纷纷行请托之举，四处找门路求权贵荐举，对考官极尽奉承之事，甚至拜为门生。这种请托举荐行为，让政府意识到了危机，于是在宋太祖时期，果断废除公荐，有效制止了官员选拔请托走后门的歪风邪气。

据史料记载，自宋太祖废除公荐制度以来，宋朝为官都通过科举考试，制度严密，录取名额多，不受门第观念的影响，并且向社会各个阶层开放，因此很少发生请托行为。

四、明朝惩治力度大

明朝开国之初，在明太祖朱元璋的大力治理下，政治较清明，政府官员也多励精图治，经济得到恢复和发展，民风回归纯朴，国力得到增强。明初对官员请托进行严格的管理，还鼓励官员对请托行为进行举报，并出台举报者官升一级的奖励机制。

在明朝的统治者看来，请托行为绝对是影响公权力的障碍，因此加大了对请托的立法力度，惩处力度之大，规范之细，是之前任何一个朝代都没有的。有史学家认为，明朝时期对请托的限制已经达到了巅峰。

明朝时期请托者也要被处罚，如本身是官吏，就是知法犯法，罪加一等。明朝还规定请托是行为犯，受托者一旦口头答应所托之事，就可以认定为请托行为已经坐实。如果已经实施，就要加重处罚。除此之外，细致区分是为谁请托，明确了为他人请托、为自己请托、以权势相压请托几种类型的处罚标准。

五、清朝官员，私宅免见

清朝关于请托的规制管理，大都沿袭明朝的法律制度。开国之初，清朝政府以史为鉴，总结了前朝的失败，加大了对官员、宦官、后宫的管理力度。对待官场请托之风，清朝政府毫不手软，严厉打击。据史料记载，为了防止官员请托朋党私结，雍正下了"文武百官，私宅免见"的命令，禁止文武百官在私下里见面，后来更是下令连大臣亲属的私人宴席，也要派人去监视和调查。

防范如此严密，按理说请托行为该有所收敛甚至销声匿迹，可事实并不是这样。据史料记载，在雍正年间，"文武百官，私宅免见"并没有成为官员们的行为准则，像年羹尧这样的高官，依然我行我素，请托之门依旧大开，门生无数，不少官员也因为巴结上这样的高官获得不少好处。在清朝，像这样的例子还有很多，如乾隆时期的和珅。请托泛滥，给清朝的统治带来了灾难性的后果，请托滋生的贪腐引起民愤，使政府威信下降，为清朝的灭亡埋下了伏笔。

古代"城管"那些事儿

中国自古就有类似今天城管的职业。古代的"城管"叫法很多,或称"胥",或称"卒",还有称"市吏""监市"等的。但事实上,古代并没有像现代城管局这样的专职机构。古代"城管"的身份比较复杂,既有军人城管,也有警察城管,当然更多的是行政人员来当城管。如汉唐时期相当于现代首都市长的"京兆尹",其重要工作之一就是城管执法。

一、古代"城管"也有临时工

"城管"聘用临时工在古代也是很常见的现象。一则负责城市管理工作的基本上是政府行政官员;二则古代编制很有限,公务员数量更是严加控制,朝廷的大量工作往往得依靠雇员来完成。因此,古代的"城管"大多是临时工,有时还让士兵来临时执法,做城管工作。

战国时代的《庄子》一书中就提到过"监市"。《旧唐书》中记载:"监市践于衙,理市治序。""践于衙"是指监市属于衙门管,比衙门官吏的社会地位要低一些,主要任务就是"理市治商"。但古代监市的成员并不是政府人员,而是可根据当地官员的意愿或根据政治形势,随时从民间挑选的人员,组建期间监市的薪水由衙门发放。也就是说监市的成员基本上就是临时工。表面上看,这些临时雇用的成员有可能来自各行各业,但古代分工明确,农民被绑在土地上,商贩忙于生计,官员高高在上,因而,能做监市的多为街头闲汉、恶少。

明清时期，"城管"多由"胥"担任，而"胥"实际上是当地官员自行聘用的固定差役，多由破落户、无赖甚至地头蛇之类充任。可见，"胥"也是彻头彻尾的临时工。因此，从来源上讲，古代"城管"队伍一开始就面临着人员素质较低的问题。

古代在特大城市也会特别设置机构来进行城市管理，如宋朝在京城组建了类似于现代街道城管大队的专职执法队伍——"街道司"。成建制的街道司由500人组成，统一穿"青衫子"制服，负责维持市场秩序和街道卫生，还要疏导交通、治理侵街等。《东京梦华录》记载，遇到公主大婚或者王公贵族出行的时候，街道司还要派出人员在途经的街道上突击搞卫生，充当仪仗队前导人员，指挥车马人等。

明朝的京都，由"五城兵马司"来承担城管的大部分职能。《明史·职官志三》记载："巡捕盗贼，疏理街道沟渠及囚犯、火禁之事。"

清朝在北京还专设了"督理街道衙门"，主要负责外城的街道管理、民房修建，惩处破坏公用设施、侵占下水道的行为等，其部分职能也与现代城管局比较接近。到了晚清，西方的城管制度被引入中国，由警察承担起了城管的工作。中国历史上首个警察机构天津警察厅，除了负责当地社会治安外，管理市容、交通、市场秩序等都是其分内工作。

二、古代"城管"管得宽

要说"城管"的职能，首先得说一下"城市"。从现代考古发现来看，中国至晚在夏商周时期就有城市了。但和现代功能较为接近的城市，到春秋战国时期才出现，如齐国的首都临淄，当时就有七万户人家。汉朝长安城，比同时代欧洲最大的城市罗马，面积大三倍以上，有八万多户。到了唐朝，十万以上人口的城市已有十多个，空前繁荣，其中又以长安、洛阳两京最为繁华。长安设有东西二市，会昌三年（843年）六月二十七日东市失火，一下子烧掉了4000多家门市，而这仅是市场的一部分，足见长安之大、之盛。

城市大，人口多，治安、卫生、交通等一系列问题也随之增加。在这种情况下，古代"城管"应运而生。《庄子·知北游》中有记载："正获之问于监市履狶也，每下愈况。"可见战国时期就有"监市"，这个"监市"便可以看作是中国古代"城管"的雏形。

不过，古代"城管"与现代城管的概念和职能并不完全一致，古代"城管"的职权范围相对较广。从史料上看，古代"城管"除负责环境保护、卫生维护、清除禁止占道经营、拆除违章建筑外，还得"防火缉盗"，就像现代的消防队员、联防队员一样，还有管理市场物价、维持公平交易等职能。如《春渚纪闻》中记载了这样一则趣闻，说北宋大臣宗泽在开封府当官时"物价腾贵，至有十倍于前者"。于是宗泽让厨师去市场买面粉，做了一笼饼，估价后一个饼只值六钱，而市价却要二十钱。于是宗泽把一个卖饼的叫到衙门责问，那人说："自都城经乱以来，米麦起落，初无定价，因袭至此，某不能违众独减，使贱市也。"这个人的解释按现在的话说，就是"跟涨不跟跌"。宗泽听了非常生气，责令其只准售八钱，敢增价者斩。结果整个集市的物价应声而降。而当时负责实施监督这件事的"城管"便是宋朝设立的由500名士兵组成的"街道司"。唐朝"城管"也有商品质量管理和禁止非法牟利，维护交易秩序的职能。如《唐律疏议》记载："诸造器用之物及绢布之属，有行滥、短狭而卖者，各杖六十；得利计赃重者，计利准盗窃论。贩卖者，亦如之。"可以说，古代"城管"兼有现代公安、消防、工商、物价、税务等部门职能，是真正的"综合执法"，权力也比现代城管大。

三、古代"城管"带武器上班

古代"城管"可以带着有攻击性的执法器具上岗，如周朝，"城管"在岗时都得带着鞭子或兵杖，遇到乱停乱放、占道经营不服从管理这类事，往往执鞭抽打，挥杖追赶。如《周礼·地官司徒第二》中"司市"条称："凡市入，则胥执鞭度守门。"这里"司市"相当于今天的城管大队长，"胥"是城管队员。鞭子是执法器具，"度"也叫"殳"，是古代的一种兵杖，用竹子或木板做成，有棱无刃，长约一丈二尺，差不多四米长，其威慑力与今天的警棍颇为相似，虽然打一下子不致死，但也得丢掉半条命。其中，"胥"条也称："执鞭度而巡其前，掌其坐作出入之禁令，袭其不正者。凡有罪者，挞戮而罚之。"意思是说城管队员在工作时，要拿着鞭子或兵杖巡视，遇到那些占道经营的流动摊贩，随时可以抓起来。对违法者进行鞭打的同时，还可以追加处罚。

四、古代有关"城管"的法律

唐朝在"城管"立法方面颇为成熟，为后世所效仿。唐律规定："距府十丈无市，商于舍外半丈，监市职治之。"即摆摊设点至少要远离政府办公地 30 米，也不能离民房太近，要在 1.5 米以外，由监市负责督管。唐律对占道经营也有严厉惩罚的规定："诸侵巷街阡陌者，杖七十；若种植垦食者，笞五十。各令复故。"挨打后，还要将街巷恢复原状。

宋朝制定了专门处罚侵街行为的法规。《宋刑统》规定："诸侵街巷阡陌者，杖七十。"凡是侵占街道、巷道、乡道来搭建经营的，都要罚以70大板。《宋刑统》对乱倒垃圾、影响环境卫生也有规定："其有穿穴垣墙以出秽污之物于街巷，杖六十。直出水者无罪。主司不禁与同罪。"把垃圾倒到街上，影响了公共卫生，不仅当事人要受罚，连城管队长都会跟着挨板子。宋仁宗在"城管"方面颇有创意,他在要求开封府官员强拆违章建筑的同时,特别指示相当于现代司法机关法院的左、右军巡院,配合"开封城管"行动,惩治"侵街者"。

明太祖朱元璋治国以狠著称,明朝的"城管"及其相关法律也不含糊。据《明会典》记载,在京城,"凡侵占街巷道路,而起盖房屋,及为园圃者,杖六十,各令复旧";对往街上丢垃圾、放污水的,"其穿墙而出污秽之物于街巷者,笞四十。出水者勿论"。另外明朝对破坏公共设施、不按规定行车,以及在禁区内摆摊设点、取土作坯、随地大小便等行为,也一律"问罪",涉事者要被强行戴上刑具,在街头示众一个月,即所谓"枷号一个月发落"。

在清末,天津警察厅便发布了《整顿路政办法四条》,其中两条是:马路街衢旁各商铺有安设风挡、占用边道者,应即一律拆退;铁铺、石铺、木器铺及洋广杂货等铺,在门前堆积什物材料,占用官路者,应即一律让出。

虽然古代这些城市管理的方法在当代有很多已不适用,严厉的处罚手段更有"暴力执法"的嫌疑,但将城市管理作为国家法律制度明确下来,还是值得肯定的。

古代政府"打拐"的雷霆手段

拐卖人口是一种世界性的犯罪,它带给人的痛苦与伤害沉重而久远。我国历朝历代都视拐卖人口为极重罪行,将它与群盗、盗发坟冢等罪行列为同等级别,在可以考证的古代法规中,无不将拐卖人口处以重刑。即便到了今天,拐卖人口的罪行依旧存在。我们可以从古代政府预防拐卖罪行的发生及制定相关法规的司法实践中得到一些启示。

一、古代贩卖人口现象非常普遍

拐卖人口虽并非中国独有,但是中国确实是较早出现这种现象的国家之一。远在战国时期,人口买卖就已经非常普遍。那个时期狼烟四起,战火连天,战败国家的财物、军队、百姓,都会被胜利国收入囊中,所以那时被贩卖的人多数是战俘及战俘的家属,是战争的产物。到了封建专制统治时期,贩卖人口出现了一个重要特征,即合法的人口买卖与非法的人口买卖并存。人口买卖形式分为"和卖""略卖""掠卖"。"和卖"就是合法而公开地买卖人口。"略卖""掠卖"则被视为非法行为。所谓"略卖"是指采取诱骗手段,将一般平民或其子女买来后再卖出去;而"掠卖"是指通过暴力手段把人掠夺到手,然后再转手卖出去。"和卖"可能是特殊情况下,获得本人同意的人口交易行为;也有可能因为子女众多、重男轻女、家庭困难,家长主动实施的家庭人口贩卖行为。在当时的法律环境中，这种行为存在着合法性。古时各大城市一般设有专门的人口买卖市场，进行人口交易。而后两种人口买卖则是古代政府重点打击的对象。

汉朝，在贩卖儿童方面有很大针对性。男孩子就卖做奴隶，女孩子主要是卖给大户人家做奴婢或者卖入青楼。直至东汉，统治阶级才意识到人口贩卖的弊端，因此以法律的形式予以禁止。但人口买卖却没有因此被禁绝，并在随后唐、宋、元、明、清时期依然盛行，几乎成为一种经济门类、一种社会现象。

唐宋时期出现专业的人口贩子，称为"人牙子""牙婆"。他们是买卖人口的中介，给买卖双方牵线，从中赚取佣金。据史料记载：在买卖人口过程中"人牙子"还对买方提供信用担保，"人牙子"还须承诺在一定期限内"听悔"的行业习俗。所谓"听悔"即买主有三天的试用期，此期间如买主不满意，中间人要保证"退货"。

古代拐卖的手段跟现代的方式也基本一致，都是让人难以防范的招数。比如清朝时，人贩子拐卖农村女性惯用的伎俩就是让他们女同伙在各个村落之间骑驴游荡。一旦看到有乡间女性也骑驴外出，便前去搭话，与被害人同行，一路上欢声笑语不停攀谈，让受害人放松警惕。在此期间，女同伙暗中让驴加速，被害人骑的驴也跟着加速。不知不觉间，乡妇被七绕八绕迷失道路，与丈夫也越来越远，这样便落入了人贩子的手中。他们拐卖儿童的招数就是在零食中添加迷药，诱惑儿童食用。儿童吃过后，任凭他们摆布，由此落入魔爪。

在清乾隆十年（1745年）发生了一起惨绝人寰的案件，即"迷拐幼女折割跛瞽令其化钱"案。罪犯用迷药迷拐一名幼女，用剃刀把她的手筋、脚筋全部割断，使幼女跛手跛脚；再用针刺瞎眼睛，将幼女致盲；最后强迫幼女沿街乞讨。案中受害人名叫陈亚对，家在肇庆府开平县。作案团伙共三人，主犯是林亚贵与其妻梁氏，协犯李亚三，三人都以乞讨为业。案发当天，陈亚对正在街上买零食，被梁氏用迷药迷昏，林亚贵把陈亚对强抱到船上，开到一条偏僻的河道，林亚贵命令妻子梁氏对陈亚对进行残忍的伤害，然后命其沿街乞讨，并将乞讨回来的金钱全部收入囊中，供三人使用。这样残忍的案件，在中国久远的拐卖史中数不胜数，不断刺激着百姓的神经，也在挑战着政府的底线。面对这样毫无人性的犯罪，没有一个政府会充耳不闻，视而不见。因此，等待他们的将是官府的严厉惩处。

二、古代政府打击人口贩卖的强力措施

面对猖獗的人口贩卖，古代政府采取了推行严法，完善法律制度，强化办案力度，加强行政管理等方面的治理措施，以预防为主，沉重打击罪犯，保护被害人。

（一）严刑峻法产生震慑力

古代政府会对人贩子实施严厉的刑罚。唐律规定："诸略人、略卖人为奴婢者，绞；为部曲者，流三千里；为妻妾子孙者，徒三年。"至明朝时，《大明律》中也规定"设方略诱取良人及略卖良人为奴婢"这一罪名，具体的处罚与唐、宋不同：将良人卖为妻妾子孙的，杖一百，徒三年。如果拐卖的是他人的奴婢，比拐卖良人轻一等。略卖子孙为奴婢的，杖八十，略卖弟妹、侄子、侄孙、外孙，杖八十，徒两年；如若略卖对象是子孙之妾，减二等。明万历年间汇编有"略人略卖人条例"，其内容与《大明律》有极大差异。其中规定：设方略诱取良人及拐卖良人子女的，无论已卖、未卖，都要发边充军。如果拐卖人口在三人以上，或是再犯的，犯人要戴重达一百斤的大枷，枷号（戴枷在监狱外示众）一个月，然后发边充军。如果是第三次犯罪，要发配到极边之地永远充军，本人死后，由其子孙亲属接替充军。

（二）完善法律制度

古代的相关法律制度，一是从自身抓起，打击与拐卖有关的渎职犯罪，主要惩处借用职务之便，实施拐卖犯罪的官员；二是通过严厉的惩罚震慑潜在罪犯不敢轻易实施犯罪；三是打击买方市场，如买方知道卖方是通过非法手段得到人口，并继续进行交易的，将会受到和卖方相当的惩罚；四是对儿童给予特殊保护和关注；五是对亲属间的拐卖犯罪进行更为严厉的惩罚，政府在大量案件中发现，熟人作案的比例极高，成功率也更大，所以对此类罪犯采取更为严酷的处罚。正所谓"天网恢恢，疏而不漏"，完善法律制度，目的是让犯罪分子无处可逃。

（三）加大侦办力度

这是打击人口拐卖犯罪的常规手段，也是重要手段。《魏书·刑法志》中记载，当时有一起如何区分买卖人口和拐卖人口，以及如何定刑的案件。这个事情引发了司法界广泛的讨论，连皇帝和大臣都加入到案件审理中，直接加快了案件的定案量刑。在宋太宗时期，直接发布诏令，告诫当时贩卖人口犯罪高发地的当地官员，要严格进行排查，如果发现罪犯要加以严惩。通过自上而下的严厉侦办，切实加强了此类犯罪的预防和治理。

（四）加强行政管理措施

由于古代也同时存在着合法的人口贩卖，所以很多人贩子便以合法人口买卖为掩护，暗地里偷天换日。这样，古代政府不得不加强管理，逐步逐人审核合法人口买卖的真实性。比如清朝要求在买卖过程中需要签订契约，并加盖官印，才能视为有效。同时清政府还要求在城门口加强审查，如果一行人中，明显女子或者幼童居多，就要严格盘问审核，以防是人贩子团伙在进行人口输送。

（五）以预防为主

宋太宗时期，针对案件多发区域，朝廷要求当地官府在城市墙壁上粉刷宣传文案，告诫当地居民近期人贩子增多，注意保护家人。通过这样的预警，非常有效地预防了人口贩卖案件的发生。

三、加大力度提供救助

如果案件已经发生，最要紧的事情就是将受害人救助回来。宋代政府就曾多次下令要求官吏在查办人贩子窝点以后，要详细问清受害人家庭住址，并一一送回家乡。清朝同治年间，国际化人口贩卖已经比较常见，政府则要求官府要将外国受害人送到本国领事馆，由领事馆负责将受害人送回家中。

我国打拐风暴从未间断，但其面临的困境依然长期存在。"道高一尺，魔高一丈"，犯罪分子防不胜防。从人口贩卖案件的预防、打击，再到我们个人的防护、预警等各个方面，都有很多可改进的空间。打拐是一场持久战，而且很难完全消失。我们需要不断从史料中借鉴经验，给予犯罪分子沉重打击。

从法律角度看古代如何治理"老赖"

自古以来，欠债还钱，天经地义。然而，从古到今都少不了"老赖"。历代政府也积累了一大堆治理"老赖"的方法。

一、借贷之时由第三方诚信机构担保，防范"老赖"欠钱不还

为了保证债务能按时偿还，古代朝廷规定，借贷之时，必须由具有一定社会公信力的人或者机构出具保单。如果"老赖"跑路，可以由保人负责偿还债务。汉朝时期设有债务担保人，称为"任者"；也有见证人，称"旁人"。在契约中不但要注明证人是谁，而且还以"沽酒各半""沽旁二斗"等词语，注明给证人的报酬。

到了唐朝，《唐令拾遗·杂令》规定："如负债者逃，保人代偿。"需要注意的是，保人制度有助于防患于未然，但是，更多的是一种辅助性的保障措施。解铃还需系铃人，让"老赖"认识到失信后的负面影响，及时还清债务才是目的。

二、对债权人和债务人进行庭外调解

古代人认为诉讼是不吉利的，因此十分追求"无讼"的境界。不过要

追求"无讼"，就需要对债权人和债务人进行积极引导，早日还钱。古代政府规定，负债应偿，不容减免。但是，如果债权人能够主动免除"老赖"的债务，"老赖"可以不用还钱。

如果债权人向官府申诉，可以先进行庭外调解，说服"老赖"还清债务，免于刑罚。实在调解不了的，才诉诸公堂。

三、对有财产的"老赖"，用其财物抵押债务

古代法律明文规定，对于拥有一定数量财产的"老赖"，可以扣押他的财产抵偿债务。但是，在实际执行过程中，有些债权人仗势欺人，非法扣押超额的财物，甚至威胁到了债务人的基本生存权利。针对这种情形，《唐律疏议》中规定："诸负债不告官司，而强牵财物，过本契者，坐赃论。"也就是说，允许债权人在债务人不能清偿债务时扣押其财产，但扣押前必须经官府批准，而且禁止债权人在债务到期不履行时强制牵夺债务人的财物超过本契的行为。否则，债权人就要受到相应的处罚。

与唐朝相比，明朝的规定更加严格。明律中规定：如果豪强之人，不事先拿到官府的批文，用非法手段强制扣押"老赖"的私人财产，要打八十杖。如果债权人扣押的财物，估价超过"老赖"所欠的债务，超过的部分按照赃物处理，并且要如数返还。

四、对于拖欠公家财物的"老赖"，
可以通过服役来偿还

有些"老赖"拖欠的不是私人钱财，而是公家的财物。对于这部分"老赖"，古代朝廷规定，可以通过为朝廷服役来进行偿还。在以役代债的做法上，古代朝廷很人性化。

在《秦简·司空律》中即有以劳役抵偿债务之规定："有责（债）于公，以其令日问之，其弗能人及赏（偿），以令日居之。"又曰："欲代者，耆弱相当，许之。"也就是说，拖欠官府债务无力清偿的债务人，可以通过让他为官府劳役，进行抵偿。如果债务人不具备劳动能力，或者因其他原因无法服役，可以让他人代替，只要代替者年龄、身体强弱与债务人相当，皆可允许。

唐朝法律除规定以刑逼债之外，对于债务之清偿，也有"役身折酬"的明文规定。唐律记载："公私以财物出举者，任依私契，官不为理……家资尽者，役身折酬，役通举户内男口。"意思是，作为债权人，还可以通过"役身折酬"的方式来挽回损失。"役身折酬"指债务人无法清偿债务，又无财产可供抵押时，可以允许以债务人及其家属以劳役抵债。但以劳役充抵债务的做法须严格遵守律法规定，只有出现家资不足清偿时才能"役身折酬"。此外，即便符合"役身"的条件，也须"役通举户内男口"，女性不得作为劳动力以"役身"来充抵债务。

五、对屡教不改的"老赖"，用刑罚威慑

有些"老赖"，欠下巨债，屡教不改，任凭政府如何引导，就是不肯还钱。对于这一类情节恶劣的"老赖"，需要用刑罚进行适当的威慑和惩治。

《大明律·户律》中规定，对于欠债不还的"老赖"，要依据欠债的数量和违约日期，施以不同的刑罚。欠债五贯以上，超过三个月不还，打十鞭，三个月往后每拖延一月，罪加一等，刑罚达到 40 鞭为止。欠债 50 贯以上，超过三个月不还，打 20 鞭，每拖延一月罪加一等，刑罚达到 50 鞭为止。欠债 150 贯以上，超过三个月不还，杖刑 20，每拖延一月罪加一等，刑罚达到 60 杖为止。

相比较而言，唐朝惩治"老赖"更加严厉。唐律中规定，欠债达到一

匹布的价值，超过 20 日不还，就要被处以"笞刑"20 下，每过 20 日再加一等，直至从笞刑 20 下升级为杖刑 60 下。欠债达到 30 匹，就要在杖刑 60 下的基础上加二等，达到 100 匹的话就要加三等处罚，也就是杖刑 90 下。

"老赖"虽然受了刑罚，但是并不意味着不用还债了。《唐律疏议》规定："百日不偿，合徒一年……更若延日，及经恩不偿者，皆依判断及恩后之日科罪如初。"意思是，被处以杖刑之后，过了 100 天还不偿还债务，要判处一年有期徒刑。

六、对确有困难的债务人，酌情从宽处理

古代朝廷在执法的过程中，既要维护法律的权威性，也会兼顾社会公平。有一些债务人，虽然欠人钱财，但是生活确实非常困难。对于这部分"老赖"，可以根据其困难程度，酌情宽容处理。

在《明公书判清明集》中记载了这样一个案例，当时李五三兄弟从雇主那里借贷，过期不还。雇主向官府申诉，知府开堂审理，把李五三兄弟关押到监牢。李五三兄弟在监牢里面关了好几个月，依然没有能力偿还债务。知府派人到李五家实地调查，发现李五一家人确实生活穷困，家里面的老人、妇女和孩子都快要饿死了。

从法律上来说，李五三兄弟欠人钱财，必须偿还。但是，从实际情况来看，李五一家人生活确实困难，无力偿还。知府大人思索再三，最后作出了如下判决：判定李五三兄弟欠钱不还是违法行为，只杖刑二百，不再抵押。但是，根据实地调查，李五一家人生活确实困难，无力偿还债务，因此，酌情免去杖刑，当庭释放。最后，知府大人还让下属专门从扶贫米仓之中，发放一斗米，帮李五一家人渡过难关。

法律维护的是社会的公平和正义，而社会的公平和正义，又与情理密

不可分。但是，在某些特殊情况下，法律的公正程序和社会公平之间不可避免地发生了冲突，这时候就更需要执法者以情度法、法理兼顾了。

古代朝廷在治理"老赖"的过程中，不能一味地依赖刑罚，而是以积极引导为主，以人为本，具体问题具体分析，就会有积极的效果。古人给我们五条治理"老赖"的经验：第一，要制定明确的治理"老赖"的法律条文，从法律上保障债权人的合法权利；第二，在发生借贷行为之时，借贷双方应该通过第三方诚信机构作公证和担保，防止发生债务纠纷；第三，当债务纠纷发生之后，政府应该对借贷双方积极引导，疏通教育，说服"老赖"及时还清债务，免于刑罚；第四，对于有能力偿还，却拒不执行的"老赖"，可以通过合法的途径扣押其财产抵债，或者从其工资收入中强制扣除用来还债；第五，治理"老赖"也不能一刀切。对于那些确有困难或有特殊情况的负债者，政府也应该本着以人为本的精神适当减轻处罚，积极帮助当事人摆脱困境，并且建立信用评级制度，培养当事人的诚信意识，引导当事人还清债务。

第三部分

经济发展与治理

中国古代的政商关系

先秦时期，各国争霸，如果某个地方不利于商人经商，他可以去另一个地方。各诸侯国都对工商业很重视，创造了各种条件吸引商人。在那个时候政商关系相对融洽，商人对政治的参与度也很高。

孔子有一个学生叫子贡，是个富豪，这个富豪学生经常帮他宣传儒家学说。孔子之所以能有后来的知名度一定程度上跟子贡的大力宣传有关。子贡当时有足够多的资源，各诸侯国都对他非常重视，这对于传播孔子学问来说起到了非常大的作用。"素封"是司马迁对子贡这种情况的叫法。"素封"，意思是无官爵封邑而富比封君的人，这是通过自己的影响力来获取的称呼。

春秋时期有一位著名的商人叫范蠡。他先帮越王勾践卧薪尝胆，使越国灭掉了吴国，然后自己去创业，富可敌国，后来被封为商圣，也被民间称为财神爷。

吕不韦也是商人，他将天下作为最大的生意来做。当时，在政商关系中商人的地位很高，商人对政治的影响也很大，春秋五霸当中每一个成功的霸主都对工商业很重视。

齐国是春秋时期工商立国的国家。"征于关者勿征于市，征于市者勿征于关"，意思是征收了进口税的就不再征收交易税，征收了交易税的就不再征收关税。齐国政府还规定什么样的商人来了以后住什么级别的宾馆。它判断的依据就是看商人所坐的马车的级别。不同的级别对应不同的接待方式。虽然有些势利，但这在商业社会是一个很有效率的做法，各国皆是如此。

在齐国开始改革时，管仲试图建立国营工商业。把盐铁收归国有专卖，但不是国营，而是国家给工商业者发放特殊执照，再收取执照管理费。管仲认为如果一个国家的民营工商业过度发展，可能会危及国家的政权，甚至会产生两个君王，第二个权力中心也会出现，政治家会被企业家绑架。

国家垄断工商业能增加财政收入，从而使国防更为强大，这就是经济学重商主义的核心要素。

秦始皇统一中国，他一方面吸引六国的商人，另一方面每征服一个国家，就对当地工商业实施打击。秦始皇把很多征服地区的工商业者都发配到边疆。这些工商业者和被征服国家的贵族是一样有影响力的，而这种影响力对秦王朝的大一统构成了威胁。国家实现了大一统，就要开始"车同轨，书同文"等各方面的统一，那么国家对资源配置起的决定性作用也变得尤为重要，从而商人的地位就非常低了。

汉高祖建立政权之后，实施了几个法令。第一是命令商人不准许穿用丝制的衣服，不准坐一定级别的车子，并且"重租税以困辱之"，意思是提高租税以限制商人。第二是规定商人要有市籍，就是商人户籍，这个商人户籍是从商鞅时期就开始的。商人和普通农民的户籍是不同的。商人的社会地位比较低。第三是明确商人不能当官。春秋战国时期，商人不仅能当官，甚至某种程度上还有私人武装。汉朝以后，商人就不让当官了，这种现象一直持续到了宋朝之前。这是中国社会一个主流现象，与此相对应的就是领导干部不允许经商。第四是规定商人不准持有不动产，不能买房子。为的是防止商人利用资本的力量进行土地兼并，所以规定商人不得拥有田地。这是我们所谓的重农轻商，其实他们并不轻商，但确实是非常重农。他们要防止工商业者利用资本的力量造成社会或政权的不稳定。不让买田地，不让当官，晁错把这些对工商业者的限制总结为"法律贱商人"，意思是法律看不起商人。

隋朝有了科举制度，但是隋唐科举制度还不完善，朝廷官员大多还是出身于贵族。朝廷官员严禁经商，不准与民争利。当然也有偷偷经商的，但是各朝各代在法律上基本都是禁止的。

到了宋朝时发生了根本性的改变。1910年有日本学者提出把唐宋作为中国近世纪的开始，认为唐朝是中国古代史结束，宋朝是中国近代史的开端，主要依据是宋开始中国进入市民社会。

日本和欧美的一些学者认为宋属于近世，叫作唐宋变革论。唐朝和宋朝之间发生了非常大的变化，关键在于执政基础的改变。贵族不再垄断执政权，平民子弟通过学习和应试的方式，转变为官员。其标志就是科举制度的全面推广。

从宋朝开始，平民子弟可以通过科举进入仕途。宋朝借鉴了历朝历代的经验得失。这样就导致发生了根本性的改变，执政群体由贵族为主转变为平民为主。原来贵族为主的执政群体，他们有祖先传下来的财产。所以这个群体对财富的追求没有那么紧迫。如同罗马时代能进入执政层为公众服务的都是有钱的人，是有一定的道理的。

宋朝，很多平民子弟通过科举开始了仕途，朝廷许可官员经商。为了获得更多的收入，官员开始从事工商业。

古代政府如何规范市场秩序

市场秩序伴随着市场的出现而产生，靠外在力量建立和维护。对市场秩序进行规范化管理，客观存在于任何社会形态之中。

规范市场秩序，其意相当于现在的优化营商环境。本文通过对中国古代规范市场秩序的法律法规进行梳理，从市场管理机构角度出发，选取重要历史时期的典型事件，看古人如何规范市场秩序的同时，为全面优化营商环境、构建高水平社会主义市场经济体制提供有益的参考，为推动中国社会经济高质量发展提供智力支持。

一、商周时期

在中国古代，市场的出现最早可以追溯到距今 4000 多年前的夏朝，但真正意义上的规范市场秩序的行为，则是从商周开始的。据史料记载，夏朝后期，商品交换除了通常采用的以物易物模式，还出现了一般等价物"贝"，交换时间、交换地点开始趋于固定，出现了专门从事商品流通的"商人"。商周时期，大量"商人"聚集在"都邑"，市场规模越来越大，交易门类繁多，交易行为乱象横生。为了维护市场秩序，西周建立了"司市"制度，设置市场管理机构，任命市场管理官员，对市场进行规范化管理。"司市"制度的建立拉开了中国古代规范市场秩序的序幕。

西周时期，对市场秩序进行规范化管理，已经相当普遍而全面，除了对参与市场交易的"商人"进行管理，还建立了相应的制度和规定，对"市井""都邑"这些交易场所进行规范化管理。另外，对于市场上的商品种类、价格、交换标的也都制定了严格的规定。比如"五谷不时""果实未熟""木不中伐""禽兽鱼鳖不中杀"不能出售。再比如，市内各货物陈列的"肆"均有规定的地段，并须行列整齐，不得杂乱，出入大门有官吏执鞭纠察，市内有官吏巡行，以便防止盗窃、处理纠纷和监视人们的交易活动。如有违法事件及不按市场规定进行的交易，即当场处理或纠正。

二、春秋战国时期

春秋战国时期，铁器得以大量使用，牛耕技术获得推广，这表明社会生产力水平有了显著提高，其结果是物质产品极大丰富、都市兴起、商业发达，跨地区大宗商品贩运与交易日益频繁，在中原市场上可以买到南方的象牙、北方的马、东方的鱼盐和西方的皮革等，城市商业中心应运而生，各国社会经济都取得了极大的发展，出现了大国间争夺霸主地位的局面。

为了争霸，各国纷纷大力发展商业，壮大自身经济实力，尤以秦国为盛。据史料记载，地处西方的秦国通过商鞅变法，创建了"特许经营"模式，开放山泽渔盐之禁，对盐铁、粮食、牛羊牲畜、漆园等战略物资实行国营专卖，允许商人从中牟利，苛以重税，使秦国"盐铁之利"倍增。

虽然"特许经营"被后世诟病为"重农抑商"，但不可否认的是，它是当时秦国图谋统一大业的最优选择，也是唯一选择。

三、秦汉时期

秦汉时期是中国大一统的开端。秦灭六国后，统一度量衡、统一文字、统一货币，为商业的繁荣创造了条件，再加上战争后的休养生息，农业、手工业得到了恢复和发展，尽管实行重农抑商政策，但由于国家统一、人口众多、疆域辽阔，秦汉时期工商业还是得到了空前发展，不但国内市场商品种类繁多，商品流通十分活跃，更是通过"丝绸之路"走出国门，商业之繁荣可见一斑。史料记载，当时的咸阳、长安、洛阳都是世界知名特大城市，城市商业规模宏大，商业极度繁华。

在规范市场秩序方面，汉朝基本沿袭了秦朝的管理体系。秦、两汉时期对市场都采用细分管理，将农业区和商业区分开，居住区和市场相分离，如果是买卖牛的就称为"牛市"，如果是贩卖粮食的就称为"粮市"，等等，在每个细分的区域，还设置了相应的官员来管理，充分体现了专业人干专业事的原则，防止"指鹿为马"的乱象出现。

四、唐宋时期

史料记载，唐宋时期的市场管理制度已经非常完善，强调分类对市场进行管理，要求市场主管必须公平评议市价，不徇私，不腐败，对市场上乱哄抬物价的行为给予最严厉的处罚。

除此之外，唐朝进一步对市场上的货币、量器进行标准化、规范化管理。如斗、秤等必须经过管理市场官吏的鉴定，并加盖官印方可使用，违者按情节给予处分；钱币大小厚薄要根据朝廷的标准，如"薄小"，以"取铜以求利者"，判刑一年；等等。

相比于唐朝，宋朝的财政有明显的变化，特别在文治上更加成熟。在财会制度上，除了沿袭唐以来的"两税法"，还继承了五代十国的"丁口之赋""杂变之赋""募役法""方田均税法"。据史料记载，两宋还有茶、盐、酒、矿物税以及关税。另外，宋朝有类似今天的股票交易的市场行为。宋朝还多次颁行关于钱法的诏敕，如规定"民间典卖田宅、马牛、舟车等如之，全用会子者听"。

五、明清时期

明清时期，中国古代规范市场秩序进入一个更加发达的阶段。随着社会生产力的提高，明朝时期开始有了资本主义的萌芽，商品经济获得了极大的发展，这就要求市场管理必须法治化。

为了更好地对复杂繁荣的市场进行管理，明清时期出台了很多有关市场管理的法律，增设了许多专职管理市场秩序的机构。在市场立法上，在规范市场秩序方面，明清有着很高的相似度，特别是在立法管理市场上，明朝达到了巅峰，清朝大都沿袭了明朝的立法。《大明律》规定"凡造器用之物不牢固、真实，及绢布之属疵薄短狭而卖者，各杖五十，其物入官"；"凡私造斛、斗、秤、尺不平，在市行使，及将官降斛、斗、成、秤、尺作弊增减者，杖六十，工匠同罪"。《大明律·户律》对市场管理机关的责任进行了严格的规定，对"把持行市"等不法行为做了明确的规定。

清朝时期设有专门的五城兵马司来管理市场，隶属于都察院，除了对市场进行管理，还负责京城的治安、消防、城市管理、缉拿囚犯等事宜。据史料记载，清朝时期对欺行霸市扰乱市场秩序的行为进行严厉打击，如：京城一切无帖铺户，如有私分地界，不令旁人附近开张；及将地界议价若干，方许承顶；至发卖酒斤等项货物，车户设立名牌，独自霸揽，不令他人揽运，违禁把持者，枷号两个月，杖一百。

总而言之，中国古代规范市场秩序的历史，就是一部中国古代社会发展的历史。我们通过对古代规范市场秩序经典做法的梳理，可以知道和了解更多的古人智慧，为发展社会主义市场经济提供一些参考和依据。

宋朝商人社会责任观形成的
客观原因及借鉴

"天下兴亡，匹夫有责。"天下苍生的兴盛、灭亡，关乎所有人的利益，因此，每一个人都有义不容辞的责任，企业也不例外，那么，如何解决假冒伪劣、偷税漏税、生产安全事故频发等问题，完善企业社会责任建设呢？祖先们在这个领域的智慧也是令人非常敬佩的。

一、政府干预商业活动

（一）征收商税

宋朝在建立之初就确立了商税制度。《宋史·食货志》中记载："凡州县皆置务，关镇亦或有之，大则专置官监临，小则令、佐兼领，诸州仍令都监、监押同掌。行者赍货，谓之'过税'，每千钱算二十；居者市鬻，谓之'住税'，每千钱算三十。"这表明宋朝在各地交通要道、关津渡口及城镇交易市场对民间私商经营运输的货物征收商税。

此外，宋太祖建隆元年（960年）下诏："榜商税则例于务门。"宋太宗淳化五年（994年）又明令："自今除商旅货币外，其贩夫贩妇细碎交易，并不得收其算。当算之物，令有司件析，颁行天下，揭于板榜，置官宇之屋壁，以遵守焉。"这两道诏令把征收商税作为一项制度性的政策固定下来，使商税制度成为宋王朝历代皇帝遵循的纲领和祖宗之制。

宋太宗还规定了征收商税制度的内容以及对偷税、漏税的惩处办法：

"国朝之制，凡布帛、什器、香药、宝货、羊豕，民间典卖庄田、店宅、马、牛、驴、骡、橐驼，及商人贩茶皆算。有敢藏物货为官司所捕获，没其三分之一，仍以其半与捕者。"到了宋徽宗崇宁五年（1106年），朝廷再次下诏："令户部取索天下税务，自今日以前五年内所收税钱并名件历，差官看详，参酌税物名件、税钱多寡，立为中制，颁下诸路，造为板榜，十年一易，永远遵守，外辄增名额及多收税钱，并以违制论。"

可以看出，宋朝从中央到地方层层建立起严密、完备的商税网和专职的商税机构，并制定了规范的、统一的征商则例和税率，且日渐成熟。

（二）实行禁榷制度

禁榷是指我国古代政府对某些商品实行专卖的行为。两宋时期，政府加强了从生产领域到流通领域的禁榷物品的全面控制。

北宋政府对禁榷物品有着比较严厉的立法。"民敢藏匿而不送官及私贩鬻者，没入之，计其直百钱以上者杖七十，八贯加役流，主吏以官茶贸易者，计其直五百钱，流二千里，一贯五百及持杖贩易私茶为官司擒捕者，皆死。"

二、行会管理商业活动

宋朝商业的行会偏重于货品的买卖，是商人与商人之间，商人与政府之间沟通的主要桥梁和纽带，通常有着协作互利和信誉保障的作用。

宋朝的行会连接着政府和工商业个体，所以行会不仅可以代表商人与政府对话，还能向政府反映商人的意见、要求与建议等。如："肉行徐中正等以为言，因乞出免行役钱，更不以肉供诸处。"行会也可以代表政府向商人传达政府的决策和要求、协助政府监察市场行情、维护市场秩序等。

宋朝行会是多个行户的组合，代表行业的集体利益。为谋求整个行业的共同利益，行会规定了价格标准和质量标准等，以减少假冒伪劣产品；定价代替讨价还价，设置出了一套新的非个人的交易方式；形成了同行内部共同遵守的交易方式。比如"本州所赖苏、湖、常、秀、淮、广等处客米到来，湖州市，米市桥、黑桥，俱是米行，接客出粜……城内外诸铺户，每户专凭行头于米市做价，径发米到各铺出粜。铺家约定日子，支打米钱。其米市小牙子，亲到各铺支打发客……且叉袋自有赁户，肩驮脚夫亦有甲头管领，船只各有受载舟、虽米市搬运混杂，皆无争差"。

另外《续资治通鉴长编》卷四百四十五元祐五年七月庚午条载："户部言：'曾犯私假香人法，当勒出行。其有姓名，借本合卖，雇人及改牌额再买贩者，乞立赏，许人告，并坐不应为重罪，再犯邻州编管。'"这在一定程度上确保了行规的合法性以及强制性。

三、社会趋势影响商人行为

郑至道在《重本业》中提出："古有四民：曰士、曰农、曰工、曰商。此四者，皆百姓之本业。"虚名实利相辅而行是陆贽的主张，在追求物质利益时，不能把儒家义利观完全抛弃："夫理天下者，以义为本，以利为末，以人为本，以财为末。本盛则其末自举，末大则其本必倾。自古及今，德义立而利用不丰，人庶安而财货不给，因以农邦者，未之有也。"所以许多商人在经商取得成功后，积极投身公益事业，为国家经济发展作出了较大的贡献。

"以铜为鉴，可以正衣冠；以人为鉴，可以明得失；以史为鉴，可以知兴替。"以古代优秀商人为参照，对于当代商人形象的塑造，商人社会责任观的重建，对于增强我国企业在国内、国际社会中的竞争力具有非常重要的现实意义。

古代政府调节财富分配的方式

财富分配失衡自古以来就是一个严峻的社会问题。古代政府采取各种措施来调节财富失衡，在一定程度上起到了缩小财富差距的作用。古代政府实施的调控财富分配政策及实践活动，具有现实意义，值得我们思考。

一、"均谓各得其分"是分配目标

"均谓各得其分"包括三个方面：（1）"分财不敢不均"，即财富分配不能不公平。《易经·系辞》云："何以聚人？曰财。"北宋王安石在《度支副使厅壁题名记》中亦云："合天下之众者财。"假如将财富聚集在自己手里，那么没有人能跟随你，而假如将财富分给他人，那这些人就会聚拢在你身边，积累起人脉。（2）"不患寡而患不均"。《论语·季氏》云："丘也闻有国有家者，不患寡而患不均，不患贫而患不安。盖均无贫，和无寡，安无倾。"后来的宋朝大思想家、儒学集大成者朱熹对孔子的分配思想作出了解释："寡谓民少，贫谓财乏，均谓各得其分，安谓上下相安。""均谓各得其分"实际上是在公平的基础上顾及了效率问题，效率不同的人应该分得数量不一样的财富。（3）"财之害在聚"。明末清初的思想家和政论家唐甄阐释了"财之害在聚"这一思想，指出"聚"其实是社会财富分配的一个陷阱。在经济上，财富之"聚"会导致社会贫富悬殊；在政治上，财富过度集中则很容易导致底层民众反抗，威胁到国家的安危。

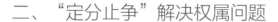

二、"定分止争"解决权属问题

《商君书·定分》给出了"定分止争"的解释："一兔走，百人逐之，非以兔可分以为百也，由名分之未定也。夫卖兔者满市，而盗不敢取，由名分已定也。"合理有序的社会财富分配秩序可以极大地减少社会纷争，让人们生活安稳。权属问题为什么在财富分配中如此重要？孟子认为，"民之为道也，有恒产者有恒心，无恒产者无恒心，苟无恒心，放辟邪侈，无不为已"。意思就是说，民众的要求是永久地拥有基本生产资料使用权，这一点如果不满足民众，社会将会出现动荡和混乱。

三、"分生不分熟"是分配重心

在财富分配对象上，古人提倡　"分生不分熟"，即应该把生的食品分给大家，让大家根据偏好来蒸、炒、煎、炸。"分生不分熟"所倡导的是让绝大多数人能独立自由地选择自己的财富消费方式。在社会财富分配中，"分生不分熟"可以从三个方面来理解：（1）对于人类生存所需的基本生活资料，应作为"生"的财富平均分配给民众。（2）藏富于民，人民富裕，安居乐业。唐朝大诗人白居易《策林二·不夺人利》云："利散于下，则人逸而富；利壅于上，则人劳而贫。"意思是说把利益发给下层，百姓就安逸富足；利益积聚在上层，百姓就劳困贫穷。假若百姓长期贫穷，则上层社会的统治就不稳。（3）对于一个国家而言，治国理念、典章制度、政策执行等看不见的"熟"能力是真正的财富，而不是粮食、衣帛、金玉等看得见的"生"物质。《荀子·富国》说："上好利则国贫。"引申到社会财富分配上，就是国家或者政府不能与百姓争夺利益。

四、"裒多益寡，称物平施"

老子《道德经》云："人之道，损不足而益有余"，讲的是损减穷人的财富来供奉富人的财富通常是人类社会在财富分配上的现象，即富者愈富，穷者则愈穷。如果不加以调节和干预，人类社会定会走向贫富悬殊的境地。怎样调节？《墨子》说："曰有力者疾以助人，有财者勉以分人，有道者劝以教人。"意思是有力气的人用力量帮助别人，有财富的人送别人财物，有德行的人用道义来劝导别人，传达的是互帮互助、财富平均分配的思想。但长久有效地解决社会财富分配不均问题仅靠道义上的倡导并不可能实现，而应辅以制度或政策性的规定。《史记·循吏列传》云："食禄者不得与下民争利，受大者不得取小。"即依靠国家俸禄生活的人，不能再通过经商、做工、务农等手段和老百姓争夺利益；已获得主要利益的人不能再去攫取余下的小部分利益。一句"受大者不得取小"表达出的财富分配思想是必须"裒多益寡"，现实中的思想是实施社会普遍保障。

古代中国的政府财务公开与审计

审计是由国家授权专职机构，依照国家法规、审计准则和会计理论，对被审计单位的财务状况、财务收支、经营管理活动及其相关资料真实性、正确性、合规性、合法性等进行的一项经济监督活动。

大一统帝国有着复杂的政务，这就需要配套的审查和监督。因此我国古代社会在发展的过程中逐渐形成了一些类似于现代审计制度的做法。

自夏商到明清，古代中国的审计经历了从萌芽到发展再到衰败的演变历程，并沿着这条经济监察的主线，构成了以御史制度的经济监察为经，以上计、比部制度、户部审计制度以及内部财务稽核为纬的基本格局。

公元前21世纪，随着夏朝的建立，国家有了初步的财政财务收支活动，因而就有了进行审计监督的必要，以保证国家的正常运转。殷商、西周时期，随着各项开支的日益庞大和复杂的官僚机构的建立，逐步形成了一套审计监督体系。据《周礼》记载，当时国家财计机构大体分为两个系统：一是掌握财政收入的"地官司徒"系统；二是掌握财政支出、会计核算、审计监督的"天官冢宰"系统。西周还设立了行使就地稽察之权的审计职能官员宰夫，建立了比较科学的财计牵制制度。宰夫一般以就地稽察为主，以送达审计为辅。这说明在西周时期我国已经有很先进的审计方法，它极大地影响着后世审计的发展，即使在现代审计中这两种基本的方式也仍然保留着。

在春秋战国时期我国逐渐形成了上计制度。这种制度要求各级官吏在指定的时间将当地的社会经济与财政收支等基本情况上报中央，以便中央加强对地方的管理。探究其原因，政治制度的变化是一个重要的因素。在各诸侯国之间战争不断的东周时期，为了取得霸主地位，诸侯们纷纷开展变法运动。这些封国内部形成了中央集权的制度以及一套系统较为健全的行政机构，中央集权也使得国王能够更快速地获得地方财政收支情况。其中春秋时期齐国宰相管仲提出的理财思想较有代表性。他认为治国之本是理财，应该节约开支，量入为出，提出对国家财政收支活动进行审查的主张和全面考核制度，从而衍生出"明法审数"的审计原则。"明法审数"成为当时政府审计监督的规范与重要标准，被后来历朝统治者所借鉴。这条原则包括两方面的意义：（1）审计人员须懂得、了解法律，办事要依照国家所颁定的法令和规章制度，要遵守法纪，维护法律的尊严；（2）审计人员须熟悉国家财政收支实际情况以及财政出入之数，据此进行财政收支的审查考核，防止责任性差错或不法行为的发生。

秦始皇开创了统一的封建中央专制主义制度，但是由于秦的短暂而亡，战国诸侯的上计制度没有来得及巩固和完善。这一任务是由西汉基本完成的。西汉实行"县—郡—中央"三级上计制度。上计一般两年一次，在每隔年，属县上计郡国，此任务结束后的次年春，郡国进京上计。汉代皇帝非常重视上计。西汉《上计律》的颁布，将上计确立为专门的制度，也提供了较为明确的法律依据，上计的权威性大为加强。基本完善的中央集权、统治者的重视和《上计律》的颁布使得秦汉时期的审计有了初步的发展。

战乱频繁的魏晋南北朝时期，社会经济长期处于停滞状态，地方割据势力强大，中央集权较秦汉时期大为削弱，上计也受了极大的影响。晋愍帝时凉州刺史张寔"送诸郡贡计。诏拜寔都督陕西诸军事，以寔弟茂为秦州刺史"。这一时期地方大多不上计，凉州刺史张寔因上计受到嘉奖，表明战乱频繁的魏晋南北朝时期，中央对地方控制权削弱，上计制度逐渐式微。但这一时期审计的法律制度还是有所发展的，将秦汉时繁复的法律精简化，使得"法令明审，科条简要"。

隋唐时期，中央集权更进一步加强，三省六部制的建立，为隋唐重新建立从中央到地方的完善审计体系提供了保障。勾检制度是隋唐审计体系的精髓，其主要职能为：一是对官府文书和一般事务的审核稽查；二是对有关国家财政财务收支的审核稽查。而由于国家财政财务收支的项目繁杂并重要，唐朝在刑部下设财政财务勾检的最高机构比部。在中央，户部掌管户籍、财经、官吏俸禄、租调赋敛、军资粮仗、赏赐等，兵部掌管武官选用、仪仗、兵器、军令等，工部掌管屯田、营缮等，司农寺掌管京朝官之禄米供应等。这些财政财务收支情况均要申报比部勾检；地方上，比部只勾覆到州府，州府负责勾覆州府属下诸县。比部对中央诸司和地方州府采取事后送达审计，京师诸司每季勾覆一次，地方诸州一年勾覆一次，按诸州距离京师的距离规定账簿申报的不同期限。在节度使及军使下设军中主管军需的官职——支度使，"凡天下边军，有支度使，以计军资粮仗之用，每岁所费，皆申度支会计，以长行旨为准"。政治稳定，经济繁荣的初、盛唐时期，比部能很好地发挥作用。但是到了中晚唐，随着藩镇割据和三司、租庸使、三司使的变化，盐铁、户部、度支中出现了新的审计体系，中央到地方出现许多负责勾检工作的不同名目的官员，如度支判官、勾检官、户部巡官等，这些职位并不稳定，具有审计性质的机构存在时间也较短，唐后期比部审计职能日益萎缩。

五代十国时期，频繁的朝代更迭导致比部审计近乎名存实亡。北宋时期，除在刑部之下设有比部外，还在全国最高财政机构三司之下设立三部勾院、都磨勘司专门负责审计工作，具有审计职能的还有都凭由司、理欠司、诸军诸司专勾司（军队审计）、提举在京诸司库务司、内藏库等机构。南宋边境战争不断，统治者对大宗物资很重视，为了方便调动物资而设立了总领所，实施总领所审计。由于南宋机构合并使得比部专职审计职能发生了变化，比部变得有名无实。南宋总体上保留了比部对中央到地方各级政府审计的机制，但检校官和照磨官失去了终审权，审计的权威性下降。

明朝取消专职的审计机构比部，在中央设立六科审计，六科作为直接对皇帝负责的独立机构，在地方各省由提刑按察使司的按察使负责监督所属州县钱粮、举核奸贪，设立巡按御史就地审计。清朝沿袭明制，实行六科审计、督抚和道员审计。清末因列强入侵，外忧内困，清廷被迫筹备立宪，建立了设立于内阁以外对君主负责的审计院，审计人员能直接向皇帝报告工作。

明清两代，地方财务审计的翔实程度开始有了较大飞跃。如明万历年间到顺天府宛平县（今北京市丰台区一带）做知县的长沙人沈榜，在任期间用大量宛平县署第一手档案资料编纂了《宛署杂记》，里面详细记录了该县的政治、经济、人文、历史等情况。尤其是题为"经费"的第十四、十五两卷，罗列出来宛平县一年的例行财政收支，是一篇非常透明的政府财政"流水账"。又如清道光年间时任彭水（今重庆市彭水苗族土家族自治县）知县涂金兰在石碑上刻上政府民生工程财务收支的文字，竖于府衙前，接受民众广泛监督，得到广大民众的称颂。1994年，这块石碑在该县新建县委办公大楼建筑工地开挖时重见天日，并作为县级重点保护文物竖立于办公大楼一侧的一棵千年古黄桷树下。如今，这块风化严重的黄泡石料碑石，除上部文字尚可以辨认外，中下部多为空白，仅有数字能够勉强辨识。从能辨之碑文看，此为当年续修考棚门头牌坊砖墙、东西乐楼、内外厢房等建筑时的银钱收支情况，但是公示内容极其详细，值得赞叹。

当然，明清官场比前朝的腐败程度高，盘根错节的官员关系网，为审计工作带来很大阻碍。但不能否认的是清末筹备立宪中提出的审计思想已经初步具有了现代民主因素，是从古代审计到近代审计的飞跃。

随着中央集权的不断加强，我国古代审计也经过了从建立、发展到趋于成熟和衰弱的变化过程。在中央集权强大，政治清明，统治者重视时，审计往往发展得较好，但若中央集权强大但皇权无所制衡或者中央集权衰微时，审计式微。纵观古代审计史，虽然审计在某一阶段发展还算良好，但在皇权至高无上的统治下，即使形成了完备的审计制度，君主如果不重视，审计仍旧无法发挥监督作用。

"居者有其屋"：中国人的买房史

从孟子"居者有其屋"，到杜甫"安得广厦千万间，大庇天下寒士俱欢颜"，都反映了自古以来人们追求安居乐业的美好愿望。直至今日，住房问题仍然是一个社会热点。面对高房价，很多网络文学创作者想象了"穿越到古代买房"的文学情境。在古代就一定能够轻松买房，不做"房奴"吗？

一、房地产的前世今生

在久远的远古时期，由于人口稀少，人们可以在荒地上盖房子，而且谁盖的房子，产权就能终身制地属于谁。后来，随着不断攀升的人口规模，开发出来了越来越多供人们使用的土地。这样一来，土地最原始的分割就完成了。大凡人类选择定居的地方，都是些水草丰美、土地肥沃的地方。土地的第一批主人就是定居下来的先民。随着时间的推移，如果需要盖房子，就必须先购买土地，然后才能自己盖房。

在西周时期，出现了中国史上第一桩有记载的地产交易。据出土于陕西省岐山县的《卫鼎》铭文载，周恭王三年（前953年），"矩白（伯）庶人取堇（觐）章（璋）于裘卫，才（财）八十朋，厥贮，其舍田十田。矩或取赤虎（赤色虎皮）两、鹿贲（牝鹿皮饰）二，贲鞈（有纹饰蔽膝）一，才廿朋，其舍田三田。"意思是：一个叫矩伯的人分两次把土地抵押给一个叫裘卫的人，换来了几件价值一百串贝壳的奢侈品，分别是两块玉（一块瑾、一块璋，总价值八十朋）、两张赤色的虎皮、两件鹿皮披肩和一条带花的围裙。这就是目前发现的最早的一宗不动产交易。在周王建旗大典上，矩伯必须到场，矩伯用田地向裘卫家换取了瑾、璋，几件虎皮、鹿皮的皮饰。这些物品很贵重，皮货价值廿朋，玉件价值八十朋。田地作为交换的物品，却用货贝的数量来计算价格。二年之后，五祀卫鼎的铭文又记载了第二次交换记录，九年卫鼎的铭文，则记载了裘卫、矩伯间的第三次交换记录。从这三次交换来看，周室穷乏不堪的大臣，都不能拥有像样的车马、衣服、玉饰。为了撑场面，矩伯要用山林的狩猎权和田产，换取贵重的物品。裘卫不但能供给封君所需的物品，还可以制作铜器，其财力也就可想而知了。到周厉王三十二年（前846年），又发生了一宗土地买卖交易，并且还是因扩建王宫，要占用一民间池塘来作为王室休闲场所，但由于资金短缺，一时不能拿出购置池塘所需的财物，遂让管事大臣去说服该地主人鬲从"待秋后按市价分毫不差一应奉还"，这被后世史家认为是"中国历史上第一起拆迁纠纷"事件。最终以召见鬲进宫帮工，王室发给其工钱为代价，实现了征地。这宗土地买卖的交易记录，被刻在青铜器上，不过无从考证周厉王买地究竟花了多少钱。这些"有人买地，有人卖地"的青铜时代的文字记载，已能够说明当时除了有土地抵押，也存在着土地买卖，有了房地产交易的雏形。

据《吴越春秋》一书记载："筑城以卫君，造郭以卫民。"这说明那个时候就有最初的房地产开发，是以"国家"的名义进行城市建设。当然，古代的开发商是以"国家"名义进行的，却跟现代的开发商一样，把房子盖好，分给或卖给别人居住。

中国历史上出现了很多有名的"房地产开发商"。唐朝著名宰相裴度退休之后，曾在洛阳北邙山下买地建房，低价转让给同僚和朋友。北宋《太平广记》里还记载了一位大老板窦义（中唐时期人），用三万铜钱买下十亩洼地，平整之后，建成二十所商铺，用于出售和出租。清朝中后期，四品以上的京官卸任之后，大多喜欢在北京近郊买地，营建之后卖出去。

在古代，由于生活的需要，流动的人口会产生一定的房产交易现象，但总体来说不像当代这么频繁。今天的"炒房"现象，在古代更是非常少；并不是因为当时的人没有经济头脑，而是因为古代社会大多时间比较动荡，房子的价格也不稳定，一般人不愿涉足，"炒房"的风险很高。

二、古代的官员几乎都是"无房户"

在人们看来，封建社会的官员是"吃皇粮"的特权阶层，皇帝当然也管他们的住房问题。然而，事实却不是如此。

隋唐以前，一般朝廷官员不敢奢望有自己的房子。秦朝官员实行"秩石制"，直接发粮食当工资。职位高的官员，只能领到更多的粮食，并无其他特权。从西晋开始，为了优待官员，才按照官品占田。可是，皇帝给的地，和官员任职的地方经常不一致，而且按晚唐之前的规矩，官员一旦退休，在职时的俸禄一律停发，这块地也要交还国家。

为了省却麻烦，更是为了办公需要，许多官员就把家直接安在了相对条件优越的衙署里——或者叫"机关宿舍"。异地做官，举家搬迁到新宿舍。如果被官场淘汰，那就回老家过日子或者想办法另谋生路。

晚唐以后，退休的官员有幸可以领到一半的俸禄。但朝廷不管官员退休后的住房问题。南宋还规定凡各级地方政府官员休官后，三年内不能在任职地居住。如果在当地置有财产或有亲属，三年以后也不可以居住，违反者处一年徒刑。

当然，不是所有的古代官员退休后就无家可归。有些人本来家里就有土地，住房问题并不用发愁；皇帝如果高兴了，会给官员赏赐土地和房屋；另外，也时有假公济私，购置房产的事情发生。《晋书》中就有记载，说先前的官员调任，把政府借给他和家属居住的官邸据为私有，新官上任，只能重建。

北宋士大夫王禹偁在《小畜集》中写道："重城之中，双阙之下，尺地寸土，与金同价，非熏戚世家，居无隙地。"如果不是皇亲国戚和世家大族，京城那么高的房价，在这座城市里很难拥有自己的不动产。南宋哲学家朱熹则说："且如祖宗朝，百官都无屋住，虽宰执亦是赁屋，自神宗置东西府，宰相方有第。"北宋初年，首都汴京（现开封）住房很紧缺，官员买不起房子，许多身居庙堂的高官都曾有过当"房奴"或"蜗居"的经历。直到宋神宗即位，给高级官员盖了福利房，宰相们才算有了自己的住房。普通市民就更不容易了，买不起、租不起房子的，就只能做"蚁族"，就像五代文人陶穀在《清异录》里所描绘的"四邻局塞，半空架版，叠垛箱笞，分寝儿女"那样——在一个小院子里有四户人家，每家住一间小房间，都拖儿带女，用一块木板在空中架起，房子改成复式，让儿女睡在箱子叠拼起来的床上。

"单身宿舍"是另一种方式，如在唐朝，政府为在京的朝廷官员，提供免费的"同舍"，若愿意打光棍，便可在其中居住。如《唐语林》记载的"赵历祠部郎，同舍多以祠曹为目"即为此。

三、 古代政府对房产的"限购"

为了便于管理，在封建社会，统治者一般采取限制人口流动的办法。因此有了一些对房产交易的限制措施。如西汉初年吕后临朝称制时就规定，"欲益买宅，不比其宅，勿许"。意思是说，买房必须紧挨着现有的房子买。这等于只准许邻居间相互买卖，限制了试图异地买房的人。为什么如此限购呢？西汉初年，国库空虚，非常需要发展经济。那个时候国家的根本是农业，所以，限制农村人口流动是"限购"房子的根本出发点，牢牢地把农民拴在土地上种田，这样就保证了农业的发展；另一个好处是便于政府管理。

唐朝政府沿用了汉代"限购"的做法，据《唐会要》记载："天下诸郡，应有田宅产业，先已亲邻买卖。"而到了五代和北宋，变得更加细致地执行唐朝的"限购令"，如后周太祖郭威朝律令："如有典卖庄宅，准例房亲邻人合得承当。若是亲邻不要，及著价不及，方得别处商量，和合交易。"又如《宋刑统》中的记载："应典、卖、倚当物业，先问房亲，房亲不要，次问四邻，四邻不要，他人并得交易。房亲着价不尽，亦任就得价高处交易。"宋朝还明确了卖房子还要征求族人和四邻的意见，顺序为：先问族人，后问四邻。如果不问亲邻，亲邻发现你的房子里住了新人，可在一年（南宋改为三年）内向官府告状，要求原价赎回，重新出售，并以房亲作为第一售房对象，四邻作为第二售房对象。除非天灾，亲邻们逃到了外地，房主着急用钱，又无法询问，不得不卖房，同时需齐备公章、缴税证明、买卖合同、见证人签字画押，政府才不予追究。那么，为什么买卖土地、房屋还得经过亲戚邻居的同意呢？原因有以下两点：（1）房产交易障碍的设置，人员流动的减少，有利于中央集权的管控；（2）当时的房产私人物权不太明晰，如果祖先留下的房屋，拿来出售的时候没有经过叔伯兄弟的同意，很有可能会引起同族争斗。总之，这是为了保护宗法制度，也就是社会基本秩序。宋朝还有些政策是关于跨地域限购的。如真宗大中祥符七年（1014年）诏令："现任京朝官除所居外，无得于京师购置产业。"当时出台这样的诏令是为了限制兼并，同时也为了让老百姓有房可买，平衡住房市场上的供需矛盾。

元朝还出现了一种"限购令"，是禁止蒙古官员买原南宋统治区域即南方各省的房。元朝这个规定的制定是有背景的：在南宋灭亡后，有一些蒙古人迁移到江南做官，这些官员因为嫌分到的公房太小，经常强拿强要汉族民宅，还强奸、杀害反抗的汉族群众。为了化解民怨，元世祖忽必烈颁布了禁止蒙古官员在江南购置产业的诏令。

在明朝，"限购令"政策进一步扩大。政府禁止所有官员买工作所在地的房。明朝规定："凡有司官吏，不得于见任处所置买田宅。违者笞五十，解任，田宅入官。"禁止官员买工作所在地的房，主要目的是反腐。因为房子是刚需，政府虽然说为任职官员提供了廉租公寓，但很多官员想住更好的"别墅"。为了杜绝官员因为买房而出现的贪腐问题，政府把这一苗头直接掐断了。清政府照搬了明朝"限购令"的规定，不但限制官员购房，而且还限制旗人购房。据《乾隆实录》记载："旗员历任外省，有在任所置产者，勒限责令，变价回旗。如有隐匿不报，查出财产入官，地方官失察，照例议处。"

四、高贷压身和"炒房团"横行
——古代房地产市场乱象

古代虽说是没有银行，但购房者一样能贷款，尤其是在明清两朝，贷款买房简直成了买房的主要方式。贷款大致有四种渠道：当铺贷款，钱庄贷款，民间借贷，自己组织"钱会"。这些借贷行为有一定的现实需求和合理性，但利率过高时不仅加重了借贷者的经济负担，而且还会使社会矛盾激化，因此统治者都认识到这个问题的严重性，从打击非法行为、规范借贷过程入手制定了很多政策，并且从购房者的角度来说也意味着"便利与风险同在"。

到封建社会后期，又出现了"炒房"的现象。特别是在近代中国沦为半殖民地半封建社会以来，租界的出现使这个现象更加严重。西方列强在租界内所签发的"道契"，就是房地产权证，精确地标明地块的界限，并且不需要中证人等中间环节，除了依法收取税金之外，几乎不会进行强拆。客观存在的"制度优越性"，还有当地政府不能"骚扰"租界，让近代中国的精英阶层大量涌入口岸城市的租界进行买房乃至"炒房"，并请求将自己的地契更换成"道契"，房地产业发展成为多数租界的支柱产业。

总之，中国古代种种限制住房"豪购"的法令早已经有了，只不过制定这些政策往往是为了稳固统治阶级的政权，并非为了抑制房价，并不能从本质上缓解阶级矛盾，在"不抑（土地）兼并"的王朝更是如此。从另一角度看，杜甫、白居易、欧阳修、韩愈、卢怀慎、苏轼兄弟等古代大文豪都曾经当过"房奴"。可见即便"梦回唐宋"，买房也未必是一件轻松的事。真实生活与文学作品里的描述还是有差距的。

看古代政府如何调控房价

"安居乐业，长养子孙，天下晏然，皆归心于我矣。"房屋是历代百姓安身立命之本，让百姓"耕者有其田，居者有其屋"这一美好愿景，是历代有识之士矢志探索的目标。住房问题也同样是事关治国安邦、维护国家长治久安的民生大事。中国古代因房子出现的问题也不少，封建社会的最高统治者们也因此采取了一些措施来解决百姓住房问题，其中的一些措施在今天看来，仍有一定的借鉴意义。

一、古代早期的房产交易与房产开发

旧石器时代，人类已经开始用天然洞穴作为栖身之地，到新石器时代，黄河中游的氏族部落用黄土、木架、草泥等原料建造半穴居住所，继而发展为地面上的建筑并形成部落。西周时期，我国住宅的基本形式出现，并有了最早的地契。公元前919年记载了史上首笔房产交易：燕国贵族矩伯，用"十三田"（约1300亩）与一个小官吏交换来了璋（玉器）、赤琥、鹿皮披肩、蔽膝等物；之后周厉王为扩建王宫，也从一个叫鬲从的人手上买地。这些记载说明到西周时期，已经开始出现土地买卖的现象。

而最早的"房地产开发"行为，可以追溯到春秋时期。《吴越春秋》一书中有这样的记载："筑城以卫君，造郭以卫民。"（城以墙为界，又分为内城和外城。内城称为城，为皇帝和高级官员的居住地。外城称为郭，是平民百姓的居住地）表明这个时期已经开始以"国家"的名义进行房屋建设，当时的开发商以国家的名义负责把房子盖好，然后分配或者出售给别人居住。

二、古代的房价调控政策

（一）买地有指标

在唐朝，一个商人去买地，即使是上百口的大家庭，最多也只能买 20 亩地。每个家庭都有购地指标，确保生活所需。购地不能超标，如果想多买地，就看自己的身体能扛得起多少板子。唐朝律法规定："诸占田过限者，一亩笞十。"意思是买地超过指标的，得挨板子，每超过一亩就要打 10 大板。

（二）禁止捂地

后唐庄宗李存勖颁发过一道敕令，如果其空闲有主之地过了半年本主不修盖，这块地就可被他人占用。后唐明宗李嗣源也有类似规定，只是限期改成了三个月。这样的政策很像我们现在的《闲置土地处置办法》，只是我们现在规定的是两年的闲置时限。

后唐的禁止囤地的政策，确实起到了调控供需、打压房价的显著效果。史书记载，盛唐时期，唐朝宰相马周在长安购房基一亩，用了 200 万铜钱。而后唐首都洛阳的房价已经大幅下降，房基地每亩价格只有七千。古代政府的治国理政的智慧也是有许多闪光点的。

（三）严惩炒房

北宋名将宗泽主政开封府的时候，曾一怒而将蓄意哄抬房价的不法商贩们全部处死，之后房价立降。当时政府对炒房行为的雷霆手段可见一斑。

（四）"找房款"制度

为防不法商人炒房渔利，明清政府还推出了"找房款"制度。举例解释就是甲卖房时收了乙 30 万，过了些时间，房价涨到了 45 万，那么甲就有一次让乙"找补"这 15 万房价差的机会。这样也大大增加了囤房炒房的难度。囤房炒房的行为得到进一步遏制。

三、古代政府的人性化拆违建

晚唐及五代之后，相对于官员，政府对百姓的住房限制政策比较少，百姓建造房屋相对不难。于是有胆大的人占用公家的土地造房，并且未经合法审批就公然入住了。

为了解决这样的问题，后唐明宗时期，颁布了一道诏令，京城闲置的空地，让老百姓公开竞标购买用以合法建房，价高者得；对于已经盖好的"违建"，该拆还是该留，政府也给出了标准。"诸坊巷道两边，当须通得车牛，如有小街巷，亦须通得车马来往，此外并不得辄有侵占。"如果买地建房比较早，现在建设又需要拆迁，当地政府就会花钱购买后再拆除。与现在的拆迁户大同小异，有钱了，你愿意在哪里定居请随意。这样的官民关系也不至于恶劣到哪里去。

四、古代的廉租房和住房救济制度

中国古代也有廉租房。唐宋的廉租房主要由寺观运作，寺观的土地由国家划拨，建造房屋的钱来自信民捐款，房产维护的费用从香火钱中产生。

宋代大城市房屋价格极其高昂，自住率低，租房比例高。因此宋朝廷的房市调控重点更多放在了房屋租赁价格上。政府设立了专营官地与公屋租赁业务的"店宅务"，这可以看作当时的"廉租房"。这种房子的租金一般低于市场价，大大降低了普通老百姓的租房压力。与此同时，政府还会要求私有房屋与公屋一起减免租金。比如宋高宗曾诏令减免江浙两地居民的房租，公房免交三个月租金，民房只用交原来的一半房租。如果房主敢违令多收，租房者有告发的权利。遇到朝廷减免力度大的时候，还会出现全年不用交房租的情形。

宋朝政府还建立了住房救济制度，南宋的福田院、北宋的居养院，都是鳏寡孤独的居住救助机构，除了居所，政府还为他们提供食品和衣物。除收留鳏寡孤独等不能自养之人，冬天还收养乞丐。在宋朝，乞丐含义较广，凡贫困人口皆可纳入乞丐范围。受灾遗孤也会由居养院就近安排收养。

明清时期，会馆也成了廉租房的一个新来源。会馆是明清时期形成的特殊现象，每个地方的生意人、读书人都愿意集资在外地建立宾馆一类的"招待所——会馆"。通常会馆里有议事厅、戏台和客房。客房的租金非常便宜，用以提供给出门在外、没有住处的老乡。之后逐渐形成了"会馆文化"。之后会馆也与一些重要的政治事件、历史典故产生了联系。

清代还曾实行针对旗人的福利分房制度，并在北京地区实施"指扣俸饷认买官房"制度。

当然，古代让民众"安居乐业"的民本思想更多只是一个主观精神上的价值理想，其本质还是为封建帝王更好地管理国家和民众，维系统治稳固而服务，而并非真正重视人民的福祉，真正为人民谋求幸福。

中国古代的食盐专卖制度

中国是世界文明史范围内最早实施食盐专卖的国家之一。对盐征消费税的记载在周朝就有了。春秋时期，在齐国的经济改革中管仲创立了食盐专卖，让盐利"百倍归于上"，"设轻重鱼盐之利，以赡贫穷，禄贤能，齐人皆悦"。

在古代，盐业专卖又叫做"禁榷"。自汉武帝元狩四年（前119年）实行禁止私煮、食盐官卖之后，"盐始有官、私之分"，此后各朝都对盐业实行了专卖。"官盐"是合法贩卖的盐，"私盐"就是非法贩卖的盐，贩卖私盐会受到法律追究。桓宽编著的《盐铁论》记载了汉昭帝时期，政府官员们专门就盐、酒、铁专营的问题展开辩论，辩论结论为废除铁、酒专营，保留盐业专营。

盐不但是民生的必需品，还是国家财政赋税收入的重要来源，甚至是一种重要的战略资源，因此为确保财政收入，我国历代对盐业的生产大都实行专卖或征税制度。

一、确立食盐官卖之后的博弈

吴王刘濞之所以试图篡夺皇位发动"七国之乱"，与他"招致天下亡命者，盗铸钱，煮海水为盐，以故无赋，国用富饶"，在经济上（特别是暴利行业盐业）将自己的封地建成了一个富裕而敢于和中央对抗的"独立王国"有密切的联系。虽然"七国之乱"很快就被平定了，但之后又出现频繁征战，国库窘迫，富商们却不愿"佐国家之急"的情况。

因此，汉武帝想到了将盐、铁实行专卖，经营收归官府，食盐生产、运输和销售，由官府直接组织，私人经营盐、铁被禁止。由于盐业是个暴利行业，国家财政收入很快就增加了。自汉武帝起，食盐专营制度还配套了非常严苛的刑法，查获几斤私盐就被处死是常有的事。

古代中国实行中央对食盐的垄断经营，是为了禁止不法商人囤积而哄抬价格，同时也为了获取垄断利润，这也是贩私盐现象屡禁不止的原因。因为私盐卖价往往比"官价"便宜，正迎合了民众渴望廉价食盐的想法。

官营食盐的垄断利润常常占朝廷所有财政收入的一半或更多，可是民间不知实情。如果不实行国家垄断经营和国家定价，而采取征税的办法，效果会一样吗？"中国官营盐政制度"鼻祖——春秋时齐国宰相管仲给出了解释："夫民者亲信而死利，海内皆然。民予则喜，夺则怒，民情皆然。先王知其然，故见予之形，不见夺之理。故民爱可洽于上也。"如果征税，就是从人民手里夺利，会"夺之则怒"。而改成国家垄断、定价，盐的成本价百姓也不了解，这样百姓就爱戴君主了。

隋朝及唐初，在很长一段时间是完全放任民间经营盐业的，食盐征税也免除了。安史之乱后，唐朝重新开始实行盐业专卖。宝应元年（761年）又稍微放松了政策，允许民间制造盐铁，但必须是官府统购、专门批发。之后的几个朝代，盐业管制被不断加强。宋朝时，食盐流通区域被政府严格划分，实行"销界"政策。这使得交通偏远地区的百姓很难取得食盐。为了防止官员腐败，明太祖朱元璋规定禁止"监临官员"从事盐业。清朝时，天下第一肥缺便是盐政官。发生在乾隆三十三年（1768年）的两淮盐引息银特大贪污案，正是一个典型的案例。

二、中国古代关于食盐官卖的一些消极影响

（一）盐业生产者的压力增加了

为了提高总收益，封建统治阶层常常采取扩大产量的方式，推行"抑配"政策。南宋绍兴年间，"（福建）州县船运过多，吏缘为奸，盐斤两数亏而多杂，官肆不售，即按籍而数，号口食盐，闾阎下户，无一免者，民甚苦之"（熊克《中兴小纪》卷三七）。金国泰和五年（1205 年）确定的"计口承课""量户口均配之"（《金史·食货志四》）等，本质上同"抑配"政策一样。

（二）影响生产效率和市场的运行效率

封建专卖是要通过禁榷最大限度地使国家控制和支配社会生产，掌控重要商品和日常用品的生产与消费，保证国家成为垄断利润的独占者，但是复杂的官僚体制影响了生产效率。另一方面，国家的雇佣对象盐商，既不用承担市场风险，也没能从技术改进中获取额外的收益，所以盐商也没有提高生产效率的内在动力。另外，不同官僚机构之间相互牵制，又会导致市场的运行效率变低。

（三）消费者的利益被损害

"地分"就是广大地域被划分为互不相通的销售区域。因为各盐使司之间产品和市场资源都不能互相流动，所以，不能实现资源配置的最优化。

封建专卖体制下的盐价不会下降，使消费者利益遭受损失。一些盐务官员稽查私盐时，"巡捕人往往私怀官盐，所至求贿及酒食，稍不如意则以所怀诬以为私盐。盐司苟图羡增，虽知其诬亦复加刑"（《金史·食货志四》）。

（四）工商业的发展被严重阻碍

封建统治阶级建立起打击私盐一整套制度，防止其他商人的进入，这就阻碍了形成自由竞争的市场机制，阻碍了工商业的发展。从长远来看，专卖制度还阻碍了工商业的发展和进步，从而扼杀了整个社会经济发展的生机与活力。

总而言之，对盐实行专卖给封建政府带来了巨大的财政收入。但是财政收入的增长是以阻碍生产率的提高、损害消费者的利益、限制工商业的发展为代价的。随着社会商业种类增多，税源拓广，财政收入中盐业专卖的盐税占的比例已经很小，所以"专卖制"改为"牌照制"，就成了大势所趋的改革方向。

第四部分

政务服务与公共管理

古代征兵制度一览

兵役制度是国家的一项重要军事制度，是公民参与武装组织，或在武装组织之外接受军事训练、承担军事任务的制度。中国古代著名军事家孙武在《孙子兵法》中指出："兵者，国之大事，生死之地，存亡之道，不可不察也。"在中国上下五千年的历史长河中，为抵御外敌或扩张疆土，各朝各代都制定了自己的兵役制度，也有各式各样的征兵要求。

一、兵役制度种类

据历史记载，我国古代的兵役制度有民军制、征兵制、世袭兵役制、府兵制、募兵制等。

（一）民军制

夏朝有着浓厚的氏族制度残余，加之当时的生产力水平很落后，所以当时只能实行民军制度，即全民皆兵，连部落里的老弱妇孺都要参加战斗。那时候规定，每个部落成员在战争期间都有当兵作战的义务。王家与贵族子弟是军队的核心，平民组成的甲士是基干力量。据《尚书·甘誓》记载，夏王掌控军队，其下有"六事之人"。据《殷墟书契后编》等卜辞中记载："王登人五千征土方"，"登"即"征兵"。

（二）征兵制

战国至秦汉时期，随着生产力的发展，氏族制度逐步解体，自耕农的人数增加，因而这一时期施行的是征兵制。战国时期，建立起了常备兵制度。常备兵是军队的基干，主要通过民众应征考选而来。通过了考选的人，可以免除全家的赋税、徭役。

秦朝大一统后，建立了全国规模的征兵制度。兵员的主要来源是农民。汉承秦制，规定适龄男子，除每年农闲受训外，每人一生要服两次兵役，每次为期一年。

东汉后期，很多壮年男子成了豪强地主的家兵，全国征兵制度遭到了严重破坏。军阀拥兵自重，形成了严重的军阀割据局面。

（三）世袭兵役制

三国时期，由于长期的战争，魏、蜀、吴都实行了"世兵之制"，意思就是父子世代为兵。这种兵家户籍不属郡县管理，而是由军府掌管，称为"士家""军户"，意为凡是符合当兵条件的人，一律另编户籍，由军府专管，并随时听从调令上前线。当时世兵社会地位很低，要想取得平民身份，只有得到放免才行。世兵制的兵员世袭，平时就有军事训练，虽然战斗力较强，但是一旦折损，兵员不易补充。

（四）府兵制

北朝出现了"府兵制"，这是在一定历史条件下，北朝鲜卑族的部落制与魏晋以来的世兵制相结合的产物。西魏末年，宇文泰招募各地豪强地主从军，通过这些地主又带来了大量家兵、部曲等私人武装，从而创立了"府兵制"。府兵不再负担其他赋税，并且由军府管辖，不受地方政府管理。跟世兵一样另立户籍。他们平日里训练屯垦，发生战事就去前线打仗。

隋、唐两朝沿用府兵制并作了修改。骠骑府是隋朝军府，长官是骠骑将军，军士编入户籍，平时从事生产活动。唐朝初期实行"兵散于府，将归于朝"的政策，意思是军府管兵士，朝廷管将军。

到了唐朝中期，土地兼并严重，均田制逐步荒废，加之军资筹集困难，府兵的地位下降，府兵制受到严重破坏。唐朝政府为了补充兵员，就采用了招募的办法。

（五）募兵制

北宋王朝建立以后，改用"募兵之制"，就是老百姓报名应征，符合条件的，准予入伍服兵役。当时有四种不同军队———禁军、厢兵、蕃兵、乡兵。不过募兵制的士兵以当兵为职业，一支军队长期由一个将领统率，兵将之间有了隶属关系，导致军阀的形成。

（六）"部落之制"与"旗兵之制"

"部落之制"是辽、金等少数民族政权实行的制度。各部落男子参军的年龄范围是十五岁以上、七十岁以下。没有战争的时候，就在家务农，一旦发生战争就上前线。满洲实行的兵制是"旗兵之制"，以部落为单位组成"旗"，每旗七千五百人，他们平时是民，战时是兵。初期只有满洲八旗，以旗的颜色为识别标志，后来又增编了蒙古八旗和汉军八旗，合为二十四旗。

二、征兵趣事：身高决定军饷多少

在古代，为了选出合格的士兵，政府往往招募时进行考核，而身高就是考核的硬指标之一。如汉朝规定，当兵的最低身高标准是六尺二寸，即在150厘米左右。不同兵种对身高也有不同的要求，如唐朝时，唐玄宗招募骑兵，要求身高是五尺至五尺七寸，相当于150厘米至171厘米；而唐大和五年（831 年），西川节度使李德裕征兵时，则要求最低身高标准是五尺五寸，即 165 厘米。对持重兵器的士兵往往要求"身材高大"，如金代，在进行重弩手的选拔时，要求身高六尺，相当于 187 厘米以上。对担任皇家警卫的御林军（禁军）也都要求个子高。如北宋禁军要求在六尺以上，个头不到六尺的只能当"厢兵"，就是在军中做杂役。

宋朝招兵是以身高为主要体格标准。从宋太祖到宋哲宗，基本都是以身高来挑选士兵。宋太祖招禁军时，要求上等禁军必须身高五尺八寸以上的才能入选。正规军标准五尺五寸，按宋朝度量衡制，一尺等于十寸，一寸相当于现在三厘米多一点，就是说宋朝的正规军入选的身高标准是一米七。宋真宗招厢军时，也规定最低身高标准不得低于五尺二寸。

宋朝对各级厢兵将士、禁兵、屯驻大军将士等都发放军俸。军俸级别非常复杂，官兵有差别，因各地物价等差异，又形成地区差别，甚至因身高不同也有差别。据说宋仁宗就是按身高给士兵们发放军饷的，身高五尺八寸以上，一千文；五尺七寸以上，七百文；五尺六寸以上，五百文。个子高的人在宋朝的军队是占据优势的。据说有个叫戴兴的人，因为身高七尺有余，所以被宋太宗选为御马左直，即站在御马左侧当仪仗。

宋朝频繁改历的原因

古代观象授时，制定历法历来被视为国家大事，一直由官方实施。然而宋朝却频繁改历，三百多年间颁布了 19 个历法。另外，还有《至道历》《乾兴历》《五星再聚历》《十二气历》未经使用，那么除了统治者更替，还有什么原因促使宋朝频繁改历呢？

一、历法工作者科学求真，不断创新

古代改历一般有两种原因：一是政治原因，即接受命令改制，有"王者易姓受命，必改正朔"之说；二是科学研究，以求与实际天象相符合的历法，以便百姓了解历法，使百姓知道时令的变化，不会误了农时。到了唐穆宗时，改变了以前的说法，提出了"累世绣绪，必更历纪"之说，将过去"一朝一历"的观念变为"一世一历"。如果说在这以前，改历的目的是表明新王朝开始，重新获得天命，主要原因是政治需要，次要原因是遵从科学，那么，在这以后改历就完全是因为认识到应停止错误的历法，施行正确的历法。很明显，尊重科学上升为首要原因，政治原因退居次要原因了。这一说法虽起于唐朝穆宗之时，但真正付诸实践的是宋朝。纵观宋朝改历原因，都是所推历法与实际天象不符合而议改历的。

从宋朝的历法研究中，可以看出宋朝历法工作者具有科学求真、不断创新的精神。"历象以授四时，城衡以齐七政，二者本。相因而成"，要求历法要准确，必须用精确的天文仪器来观测天象。基于此，宋朝不断改进天文仪器。宋太祖建隆二年（961 年），司天少监王处讷以唐以来"漏刻无准"，提出"重定水秤及候中星"，并创造更点之法，把每夜分为五更，每更分为五点，提高了计量时间的精准度，用于《应天历》。宋仁宗天圣八年（1030 年），官员燕肃创莲花漏，改善了以往漏刻的不足之处。宋仁宗皇祐初，周琮等"用平水重壶均调水势，使（漏刻）无迟疾"，又使用漏刻列出二十四节气昼夜日出入时刻，用于《明天历》。

宋朝的天文历法家对以往计量时间的漏刻，测定暑影的圭表与测量、演示天体位置的浑仪、浑象进行了改造，使其更加精确，推动了宋朝天文观测的进步。

二、民间的天文历法研究

中国古代历法与政权有密切的关系，皇帝的特权之一是颁布历法。皇帝颁历，子民奉行。每一朝皇帝都对民间天文研究者非常排斥，怕他们暗中为密谋建立新朝的人编制新历。如有发现必严令禁止。但在战乱的时候则另当别论，这时民间私家研究纷纷而起。

宋朝初期，重倡儒术，对天文历法这一"正统"的儒家之学也非常重视。宋太祖、太宗、真宗三代接连采取措施，禁止民间私家研究天文历法。

宋太祖开宝年间对民间天文研究者设禁施刑。例如"禁元象器物，天文图徽，七曜历……等不得藏于私家，有者并送官"，"除名人宋惟忠弃市，坐私习天文"，"令诸州大索明知天文术数者传送阙下，敢藏匿者弃市，募告者赏钱三十万"。宋太宗即位，更是采取大规模行动禁止私人研究历法。当时朝廷抓获了 351 个懂天文的犯人，除 68 人进了天文编制外，其他均被流放至南海。宋真宗时，对民间研究者进行大清除。"旧章所禁，私习尚多，其申严之，自今民间应有天象器物，谶候禁书，并令首纳所在焚毁，匿而不言者论以死，募告者赏钱十万，星算伎术人并送阙下"。从朝廷三令五申禁止的现象中可以看出一个问题，那就是禁止令颁布的越多，越能证明民间私家研究天文历法情况的普遍性和严重性。

民间私家研究被禁不久又有所恢复，而朝廷对这种现象的处理方法也慢慢发生了变化。神宗熙宁年间，淮南历法民间研究者卫朴受沈括提举前往司天监修历，"以己学为之，视《明天术》朔减二刻"，制成《奉元历》后，又被赐"钱百千"。可见，朝廷对民间天文学家的态度与宋初时已完全不同。

元祐年间，苏颂"因其家所藏小样而悟于心"，他慢慢领悟了天文学原理，创造出了世界上最古老的天文钟——水运仪象台。而这"天象器物"，开宝年间是"不得藏于私家，有者并送官"的。南渡后，太史局文籍散佚，仪象不完备，官历无法到达郡县，于是民间有了各式各样的历法流传，造成各州历法不同的状况。这时的民间天文研究者不但可以公开研究，甚至可以与司天监官员展开辩论。如果司天监官员推算历法有错误，司天监官员则会降职受罚；如果民间天文研究者推算的历法，经检验后与天象相符，则会受到奖赏。南宋共颁历九次，其中至少有四个历法是在司天监官员和民间天文研究者争辩中产生的。

如上所述，从北宋初严禁民间研究天文历法，到南宋年间"历官抵罪"，两者结果迥然不同，究其缘由可以说是稳固政权的政治需要与追求更符合天象的科学探索之间的博弈，而科学探索后来居上，更是尊重科学的写照，也是官方和民间天文研究方面相互补充、相互促进的结果。所以，这一变化必定会推动宋朝天文历法的进步，从而促进了宋朝频繁地改历。

三、影响天文历法的其他因素

宋朝天文历法与前朝相比，强调了其科学性而淡化了其政治性，但从总的方面来说，它并没有也不可能脱离政治，这是我国古代天文历法的特色之一。所以，各朝都设有掌管天文历法的专职机构，朝廷也非常重视这个机构，尤其是宋朝。

宋朝统治者为了防止司天工作人员误报，提高天文历法准确性，设置了两个官署，一个是设置在皇宫外的司天监，一个是设置在宫内的翰林天文院，这两个官署每夜互相对勘，同时誊录上奏。朝廷还经常对司天监人员进行考核，采取奖勉政策。另外，司天监虽属文职官署，但与其他官署有所区别。这一区别体现在其地位上，司天监的预备人才监生，其地位高于学生，学生考试合格者可补监生。这些学生或监生都能亲身参与实践，参加历法的推算和检验，甚至还能同司天监官属一起发表自己的见解。

宋王朝还在财力、物力上支持天文历法工作。淳化初，造铜浑仪、候仪时朝廷就"诏给用度，碑显符规度、择匠铸之"。

宋朝农业经济的发展，对天文历法也提出了更高的要求。

宋朝的考试制度允许庶人报考，重视教育大力鼓励兴办书院，培养了"治事"人才，这一切都推动了宋朝科学技术的发展，其中也包括天文历法中的算术计算。

总而言之，宋朝天文历法家尊重科学的态度、天文仪器的不断改进、民间历法家的参与等内因，宋朝社会政治经济以及文化教育的发展等外因，共同推动了宋朝的历法改革。

古代的人口普查

人口普查是指国家在规定的时间内，按照统一的方法、项目、调查表等，对全国人口进行的调查登记。它的意义在于，就国家而言，人口普查是国家制定社会、经济、科教等各项政策的数据依据。对于公民个人来说，只有建立在实际人口数据基础上的政策，才能保证每个人都能享受到公共服务。

一、我国历史上的人口普查

在很久以前，中国就开始了人口普查。那么，最早实施的人口普查是什么时候呢？我国历史上的人口普查又具有哪些特征呢？下面我们一起来了解一下。

（一）在原始社会出现了人口普查的雏形

《史记》记载"禹平水土，定九州，计民数"，讲的是大禹为治水所进行人口调查，当时调查时的登记人口是 1355 万人，相当于中华人民共和国第五次人口普查时北京市总人口。但很多学者认为这个数据并不准确。

中国古人也很早就认识到了"人口普查"对于富国强民的好处。春秋时期齐国宰相管仲说："不明于计数而欲举大事，犹无舟楫而经于水，险也。"他除实施"春日书比、夏日程、秋日大稽，与民数得亡"的常态人口统计以外，还十分注意查明人口素质，每个农民能够提供多少口粮，有多少具有专门技能的男人、女人，有多少辛勤劳动的人，有多少游手好闲的人，甚至有多少鳏夫、寡妇、病人等，都要登记在册。与他有相似观点的是秦国的商鞅，他将全国总人口按壮男、壮女、官吏、商人、读书人、残疾人等十三类分类统计，这就是历史上著名的"强国知十三数"。管仲和商鞅明国情知国力，从而使齐国和秦国都成为当时强盛的诸侯国。

（二）西汉：有记载的最早的人口普查

《汉书·萧何传》中记载，当时刘邦的军队进入秦都咸阳，萧何就先把秦朝丞相御史收藏的图书收缴上来了，所以刘邦知道了此时的人口已由原来的 3000 万降到 1300 万左右。可见秦朝时期是做过人口统计的，但是后来这些资料都散失了。现在我们知道的最早的人口数据调查是出现在西汉末年，平帝元始二年（2 年）的户口数，这是中国历史上留存下来的第一个比较完整的户口统计。

不过这些户口统计数据还是存在着一定的误差，主要是夸大了官奴婢的数量。据分析，这是当时的社会制度所造成的。西汉时期，官奴婢是不收税的，许多奴隶编入了官府的户籍，没有了徭役，但要对官员加倍征收人头税。元帝时朝廷各官府有十多万奴婢，很多贵族官僚也是奴婢众多，他们将其他人员也充作官奴婢上报。

（三）东汉：人口普查与"选美"同时进行

西汉末年，战乱和自然灾害使人口从 6000 万降至 2100 万。这 2100 万的数字是户口调查得来的。东汉有一套严格的制度来调查户口。"案比"就是东汉时的户口调查，即案验、比较，经常在每年八月举行，同时，宫廷还会派人来"算人"，就是朝廷派人挑选妙龄少女入宫，凡是良家少女"年十三以上，二十以下"，端庄瑞丽的就可以参加朝廷选秀。

东汉每年的户口调查规模也非常大，从县到乡，上到 80 岁老人，下到六岁以下的孩童，都要进行调查。东汉户口调查的项目内容也很详细，连身高、外貌都要调查，这些从一些考古资料中得到证实，在一片汉代的《居延新简》上就写有："戍卒南阳武当县龙里张贺年卅长七尺二寸黑色"。这里面包括的内容有郡、县、里、姓名、年龄、身高、肤色。意思是这个出生在南阳郡武当县龙里名叫张贺的人，30 岁，身高七尺二寸，黑肤色。

东汉重视人口管理，人口数量相对之前增长不少。据《晋书·地理志》记载，桓帝永寿三年（157 年）有人口 56486856，这是史籍记载的东汉最高人口纪录。

（四）隋朝：人口普查时挨家挨户当面看相貌

三国时期，群雄争霸。公元 3 世纪初，战争使人口下降到 1660 万。西晋统一后全国人口恢复到 4000 万左右。但西晋后期的八王之乱又使人口降至 1200 万。

隋朝建立起严格的户口管理制度，实行"貌阅"，进行了很多次户口大检查，当面验看每户的家庭成员的面貌，防止有成丁年龄人口遗漏。所以史学家一般认为隋朝户口统计比较准确。据清查，当时有 8907546 户，人口有 46019956。不过经考证，这只是中原地区人口的数据，江南和边远地区还有大量人口没有统计进来。

（五）唐朝：后期的户口管理比较混乱

唐朝时，经济发展迅速，人口急剧增长，最初户口管理这方面是很严格的。但后来，管理逐渐放松，由于地主对农民的严重剥削，农民纷纷逃亡，到开元后期，户口管理非常混乱，长时间不统计，"死不除名，生不入籍"，每年只按照上年的户籍，稍做增减，就上报了。这一时期还出现了一种奇怪的现象，在《旧唐书·玄宗纪》里记载了两个数据，天宝十四年（755 年）比天宝十三年（754 年）的户数突然减少了 740815 户，但人口却增加了 38821 口，这就是户口管理混乱造成的。

（六）宋朝：具有性别歧视特征的人口普查

宋朝初建时，人口已由唐朝时的 5300 万下降至 1628 万。宋朝政府设立了丁籍制度等一些新的户籍制度。丁籍专指用于征役催税的簿籍，又叫丁簿。在宋朝的户籍系统中，最重要也是使用时间最长的就是丁籍。丁籍和现代的人口普查区别很大，丁籍制度只调查每户家中的壮丁，"男夫二十为丁，六十为老，女口不须通勘"。意思是说这个调查只统计壮年男子，不统计老人、小孩和女子。宋朝除了丁籍制度，还有王安石提出的保甲簿统计，但无论是丁籍还是保甲簿，都只统计男性人口而不统计女性。所以这时的每户平均人口都非常少。但专家认为宋鼎盛时期的人口数量约为1.1 亿。

（七）明朝：古代内容最为广泛的人口普查

经过元朝末期战乱，明朝初期的人口甚至没有明确数字。1370 年，朱元璋为了整顿元朝末期的混乱局面，推行了户帖制度，还制定了一套完整的办法。户帖的调查项目和格式，由户部统一规定，全国一致。户帖上首印着"钦奉圣旨"四个字，下面填写户主姓名、籍贯以及全家人口数，再下面是包括了家庭成员的姓名、性别、年龄、与户主的亲属关系等内容的花名册，户别是最后一项，即标明该户是属于居户、军户还是匠户等。户帖登记好以后，在户部集中存档、封存。户部统一将户帖印发全国各州县，各州县官员领到户帖后，必须派人按户调查，取得各户的资料，然后逐项统计在帖内。户帖一式两份，在帖的左端编印字号，加盖户部官印。调查内容填好后，取一份交本户留存，另一份交回户部，户部依此编制全国的户籍。各地每年都要上报一次人员的增减，以便得出准确的全国人口数字。

这时候的户帖制度登记，女性也包括在内，看不出性别歧视了。比如有个洪武四年（1371年）的户帖，上面就写着成丁二口、不成丁一口、妇女二口等。而且还有他们的年龄。

到了洪武十四年（1381年），黄册制度取代了该制度。黄册是明朝主要的户口册籍，是将户口、田产和赋税三者合一，十年重新登记一次，上面登记的项目有丁口、房屋、田地、牲畜、赋役等，还详细地记述了十年间的变化情况。

（八）清朝：古代最为实际的人口普查

明朝末期战乱使得人口数量下降到4200多万。清朝制定了编审人丁之制，每三年编审一次。与以往户籍制度的不同是人丁编审为了收税而将人划分等级进行登记。清朝初期的所谓"丁"，已经不再是单纯意义上16—60岁的男丁，而是承纳赋役的人丁定额，不是实际的人数，只是朝廷为了收多少税而设计的丁银的代名词。朝廷把贫富不均的人分几等，不同等级的人收不同的丁银。所以在赋税记载中会出现"半丁"以及分、厘、毫等数。这其实是清朝摊丁入亩制度的一部分，摊丁入亩标志着人头税（丁税）的废除。根据田产来收税，导致了清朝人口的爆炸性增长。因为之前生一个孩子就要多收一份税，现在没有人头税了，农民敢多生孩子了，而且多个人多一份劳动力，可以多增加点收入。于是从乾隆时期开始，中国人口数量首次突破了一亿，接着突破三亿，到道光十四年（1834年）全国人口已超过四亿。

清朝历史进入近代后的第一次人口普查，是由肃亲王爱新觉罗·善耆推行的。他在担任民政部尚书一职时，就提出了要进行人口普查工作。善耆制订了人口普查的计划，决定从1908年到1910年完成户数登记，在1912年10月完成人口调查。善耆的计划非常翔实，只不过他没料到，清王朝的灭亡，这使得这一次人口普查被迫中止。不过，即使如此，也已经统计了 23400809 户。按当时大户算一户，每一户平均十口人来计算，也有两亿三千五百余万人了。此数字只是人口普查工作开始一年所统计的数字，远没有能反映全部数据，只能作为参考数据。

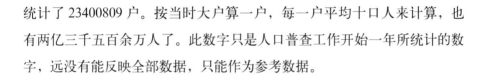

二、如何防止"人口普查"中百姓隐瞒、官员伪造的情况

人口普查的任务艰巨、过程繁杂。在不同时期的人口调查中，因不同的原因，会出现百姓隐瞒不报、官员闭门伪造的情况。那么，如何防止"人口普查"中的瞒报和伪造行为呢？

隋初实行"输籍法"和"大索貌阅"，要求堂兄弟以下分立户籍，政府按户籍上登记的年龄、相貌与本人核对，并发动检举，只要户口不实，不仅户主要受罚，乡长里正也要发配服苦役。同时还把户籍制和科举制结合起来，按照地域人口来分配考试名额，如果想多出状元、举人、秀才，那就上报真实的人口吧！

1370 年 11 月，朱元璋命户部进行户口调查，每户给予户帖。户帖由居民保管，户籍则由户部收藏。各地每年都要上报一次人员的增减，以便得出准确的人口数字。可各地上报的人口数字是否准确呢？朱元璋在拿到数据之后，就马上派出军队到各地挨家挨户地查验，一旦查出有误，立即追究第一责任人，是官员没尽责，就把官员杀了！是百姓隐瞒人口，就让百姓充军！

清朝时的"摊丁入亩"制度，有效防止了在"人口普查"中的百姓隐瞒、官员伪造的行为。

古代人口普查绝非单一地对人数进行统计，还涉及田产、外貌、身高、人口比例等多个问题。可以说是一项重大的国情国力调查。春秋时期齐国宰相管仲的名言"不明于计数而欲举大事，犹无舟楫而经于水，险也"，从中可以看出古人已经深刻认识到人口普查的重要性。换句话说，一个王朝的政策只有建立在真实的普查数据基础上，才可能有好的结果。而纵观历史，在客观把握人口基本状况后，把保障和改善民生作为执政的第一要务，国家才能更加繁荣强大。

古代"春运"：
解决"回家难"问题

　　"春运"即春节运输，是中国在农历春节前后发生的一种大规模的人口流动的现象，也是随着改革开放对人口流动的限制放宽后，中国出现的特有的社会现象。这个词最早出现在 1980 年的《人民日报》上。从狭义上来说，古代是没有"春运"这个名词的。但从广义上来讲，从春节前后开始的出行现象，古代早已存在，并且周期更长、困难更大。那么古人春节是如何回家的？古人乘坐的是什么交通工具呢？历代又有哪些相关的政策支持呢？

一、古代"回家难"群体是官员

　　据考证，周代便出现了"春运"的萌芽。但是受天气状况、自然环境，特别是政治、经济等因素的影响，古代人口流动的数量并不大，距离也不远。古代农民和手工业者都常年在故土劳作，"生于斯、长于斯、死于斯"。与现代不同，古代"春运"的主体并非在外地打工的人，而多是官宦和商贾。古人云："父母在，不远游""游必有方"。"学而优则仕"的官宦自然是封建社会的精英阶层，"好男儿志在四方"，因仕途而离开家乡。而商人则为了获取经济利益，长途跋涉到外地做生意。

　　在古代，由于自然环境、交通条件所限，加上无数没有人烟的荒郊野外，没有食宿保障，许多人没有办法回家过年。即便到了交通相对发达的隋唐时期，"回家难"的现象依然普遍存在。古代的商人往返相对自由，常常会早启程，避免延误了回家的时间。而为了解决官员回家过年的难题，古代官府也尽量不在过年时让公务人员外出，并且还为他们安排了春节"长假"。

秦朝官员告假叫作"告归"，到了汉朝有了休假制度。根据《汉律》记载："吏员五日一休沐"，意思就是官员每五日放一天假。《史记·百万君传》记载："官员每五日，洗沐归谒亲"，意思是官员在休息日不光可洗浴，还可回家团聚。除了这种规定外，汉朝还有节假日，冬至、夏至为例假。汉朝对于冬至非常重视，《汉书》中说："冬至阳气起，君道长，故贺。"还有冬至大如年之说。《后汉书》记载："冬至前后，君子安身静体，百官绝事，不听政，择吉辰而后省事。"在汉朝这两个节日都要放假，但具体放几天，至今尚未发现明确记载。

唐宋时期，除了常规节假日以外，政府还规定官员可以在一些特殊节日放假，按照节日性质可分别放一、三、五、七天。如宋代成书的《文昌杂录》里记载："夏至之日始，百官放假三天。"而像春节、冬至等节日，每次可放假七天。假期天数已与今天的"黄金周"相同。既然春节有假期，那必然会出现春节出行的现象。

"工作狂"朱元璋建立明朝后，规定一年只休息三天。后来明朝普通假期逐渐增多。月假放三天，加上元旦、元宵、中元、冬至等节日可放假18天，后来元宵假又延长到近一个月，"官员大寒假"在当时自然有效缓解了"春运压力"。

二、古代政府通过修路来帮忙

在古代，交通不便、出行困难是摆在春节赶路人面前的头号难题。"行路难"在交通不便的中国古代是司空见惯的事。因此，中国历朝历代的统治者都通过修路来改善交通。

在殷商时代，人们便认识到了道路建设的重要性。在安阳殷墟考古中就发现了大量车马坑。到了秦朝，中国的陆路交通有了飞速发展，秦始皇在统一六国后，修建了四通八达的全国性公路网，为便捷出行提供了基础。据《汉书·贾山传》记载，"（秦）为驰道於天下……道广五十步，三丈而树，厚筑其外，隐以金椎，树以青松"。驰道是大秦的"国道"。从上述《汉书》中的这段记载可以看出，其质量与现代高速公路相比也丝毫不逊色。并且根据"道广五十步"换算一下，驰道宽达 69 米，已经超过了许多现代高速公路。驰道不仅路宽，路旁还栽植松树，注意绿化降噪，这种环保意识在当时是非常先进的。

秦朝驰道有很多条，比较著名的有西方道、上郡道、北方道、东方道、武关道。（1）西方道：由咸阳西北至北地，再西至甘肃临洮，最后经渭水返咸阳，连通了关中与陇西地区；（2）上郡道：咸阳经高陵北上至上郡（今陕西陕北一带），再到云中，衔接北方道，连通了关中与代郡、九原地区；（3）北方道：由九原沿长城东行经雁门、代郡、上谷、渔阳、右北平至辽西郡的碣石，连通了长城一带的地区；（4）东方道：咸阳经函谷关沿黄河经洛阳、陈留、定陶、泰山、临淄、胶西至山东半岛最东的成山头，其中洛阳、陈留与定陶是重要的大都会，连通了关中与整个关东地区；（5）武关道：咸阳经武关走东南方，经河南南阳至湖北江陵，连接了关中与荆楚地区。此外，还有江南道、东北支道、临晋支道、济北支道、中山支道、胶东支道、东楚支道、西楚支道等。

驰道虽然是"天子道"，但不是皇帝专用的。"道若今之中道"，意思是说驰道是多功能的。中央部分（三丈宽）才是速度较快的皇帝专车用道，别的车和人只能走一边，这与现代全封闭高速公路分出快、慢车道类似。

除了驰道，秦时还有直道、轨路、栈道、五尺道、岭南新道等。直道特指经过黄土高原，连通关中与九原地区的道路，在抵御匈奴南犯的国防战略中具有重要意义。轨路、栈道特指跨越秦岭、大巴山，连接渭河谷地和四川盆地的道路，后来唐朝李白的代表作《蜀道难》描写的即是此景。五尺道特指跨越大凉山区，连接四川盆地和云南的道路。岭南新道特指跨越南岭，连接潇湘与岭南百越之地的道路等。这里所说的轨路，便是当时的"高铁"。当然，那时的轨道不是铁做的，是硬木做的，马车在上面行驶的速度很快。该遗址位于今河南南阳境内，轨路的存在也让我们对于《史记》中所谓"车同轨"有了新的理解。

不过，无论驰道、直道还是驿道，主要都是供皇室、官府和军事人员使用的，一般老百姓走的则是普通的道路。何况这些"国家高速公路"，也得翻山越岭，跋山涉水。南北朝才子江淹曾在《别赋》中写道："舟凝滞于水滨，车逶迟于山侧。棹容与而讵前，马寒鸣而不息。"这便是"行路难"的真实写照。此后随着西南、华南等地区的开发，历朝历代的统治者又修建了如云台古道（连接三晋与河南，横跨太行山与云台山）、福温古道（连接浙闽两省，横跨雁荡山脉）、天龙古道（横跨浙江与皖南）等，尽可能地完善了古代的陆路交通网。

三、古代政府对"春运票价"的规定

为保障"春运"运力充足，中国古代就有官办、商办、民营三类交通体系。节假日时，它们收取的客运和物流费用会比平时贵一点，但价格还比较稳定。如在唐朝，商业运输会有一个全国统一价，还设有最高和最低限价，连里程速度都有详细的规定。

《唐六典》中关于里程和速度的规定是：陆路运输，每天马行 70 里；步行和驴行 50 里；车行 30 里。若走水路，货船逆（黄）河，需上行 30 里；逆（长）江上行 40 里；其他河逆水上行 45 里。特殊情况可上报水政部门，酌情减少。费用的规定是：如果车载 1000 斤，走 100 里，运费是 900 文；

走山坡道路，运费是 120 文；等等。但即便走的都是山路，最高要价也不能超过 150 文；但走平坦道路时，费用最低也不能低于 80 文。这些指的是平时的运输费用，遇上"春运"，价格会有所浮动，但基本稳定。以唐玄宗开元年间为例，当时九品官，一月有 3817 文的工资，日收入约为 127 文。以"二人顶一驮"来说，扛着 100 斤的东西走 100 里，一个人付 50 文，以每天走 50 里来算，日付 25 文，这在当时可以买两斗米。由此看出，当时的运费并不高。如果走水路，会更便宜。因此，古人"春运"首选坐船回家。杜甫的传世之句"即从巴峡穿巫峡，便下襄阳向洛阳"描写的便是水路行程。

古代官方的邮驿

邮驿也称驿传。在古代，邮驿是以传递公文、接待过往官员为主的官方交通通信部门。邮驿在不同时期的名称也有所不同，早期称传、遽、邮、置等，汉朝称邮驿，元朝以后多称驿站。邮驿的功能是十分广泛的，它适应了封建的中央集权制度的需要，同时也促进了各种信息的交流和各地的开发。

一、官方正名之前的邮驿

我们的祖先在没有发明文字之前，就已经能够在一定范围内借助于打手势或采取以物示意的方式来相互传递简单的信息了。夏代就设立了"牧正"、"庖正"和"车正"等与交通有关的官吏。到西周时，已经有了比较完善的邮驿制度。传递方式有很多种，轻车快传叫作"传"；马传叫作"驲"；边境上传书的机构叫作"邮"；急行步传叫作"徒"。并在邮传驿道上设置了"委"（亦称"馆"或"市"）作为休息站，保证其高效率运作。西周时军事上的烽火通信，就是用烽火传递军情，也可作为一种信号的传递。历史上著名的"烽火戏诸侯"的故事，也从侧面反映了当时有组织的通信活动已初具规模。

西周以后，很多王朝都沿用了这种烽火报警的方法。但是烽火报警毕竟有一些局限性。用烽火传递军情，虽然很快，但它不能把详细的敌情从边疆报送上来，更不能把皇帝的命令传达下去。所以，随着社会的发展和政治、军事的需要，封建统治者建立了更严格的邮驿制度。

到了春秋战国时期，随着经济的发展，邮驿通信也日趋完备起来。单骑通信和接力传递的出现是我国邮驿制度史上的一次重大变化。《左传》有单骑通信和接力传递的相关记载。接力运输和传递信件方式，比单程车传递更快捷。不过上述两种先进的邮传方法，到了春秋晚期才开始普遍使用。当时的邮传非常快，孔子说的"德之流行，速于置邮而传命"就是将邮传作为速度快的参照物。

战国时期，简书与符信风行起来。"窃符救赵"的故事说的是战国末年，秦国重兵围困赵国首都邯郸，赵国平原君写信给魏国信陵君求救，信陵君几次请求出兵救赵，但因为魏国惧怕秦国，不敢出兵。信陵君和魏王宠妃如姬合作，盗出虎符，率领八万精兵救了赵国。这一虎符便是当时调兵的凭证。战国时期调兵遣将，必须由使者持虎符的一半去和将帅手中的另一半合符，命令才能生效。

二、统一命名后的官方邮驿

在邮驿制度建设方面，秦朝功不可没。秦朝统一了邮驿的称呼，把"遽""驲""置"等不同名目统一规定为"邮"。从此，"邮"便成为通信系统的专有名词。秦朝还规定了一系列严厉的法律，秦朝的《行书律》中说："行命书及书署急者，辄行之；不急者，日毕，不敢留。留者以律论之。"意思是诏书和注明为"急"的文书，要即刻送出；不急的文书，也要当日事当日毕，不许耽搁。有耽误的以律法处置。到了汉朝，邮驿制度有了进一步的发展，同秦朝相比，汉朝邮传制度的最大进步就是驿和邮的分流。"驿"指的是骑马为主的信递方式。"邮"指的是短途的以步行为主的"递送文书"者。"驿置"是管理长途传递信件文书的设施，即后来的"驿站"。"邮亭"是管理短途步行投递书信的机构。秦汉以后，驿站的职能扩大，不仅是信吏的馆舍，而且也是接待过往官员的场所了。1972年，甘肃嘉峪关魏晋墓出土的一块汉代画像砖上，画着一个驿使，骑在飞奔的马上，一手持缰，一手举着文书，生动地再现了昔日驿使的风采。

三国时期制定了《邮驿令》，内容包括军事布阵中的声光通信、"遣使于四方"的传舍规定以及禁止与五侯交通的政治禁令等，对后世产生了深远影响。除沿用春秋战国以来的铜符和竹符之外，三国时期曹魏统治的地区还创造了一种新的通信符号——信幡。这是邮传发展史上的新生事物。

隋唐时期的邮驿事业有了较大的发展。驿站中不仅建有规格不同的驿舍，还配备有驿马、驿驴、驿船等。唐朝驿传相当快捷，骑马一天能跑300里以上。公元755年，安禄山在范阳（今北京一带）起兵反唐。当时唐玄宗正在华清宫（今陕西临潼县境），距离范阳约有3000里，六天之后唐玄宗就收到了这个消息。由此可见，当时邮驿的速度已达到了很高的水平。隋唐时期还出现了"邮筒"，但这不是今天我们常见的那种投递邮件的邮筒，而是指一种邮件的水上运输工具，用竹筒装信，漂流而下，用来传递情报。

宋朝时，由于专制统治的需要，馆驿已演变成政府公务招待所。而传递政府公文和书信的机构，称为"递"，又分为"急脚递""马递""步递"等。宋朝还制定了详细的通信法规，出台了《金玉新书》。该书共有115条，其中51条涉及邮驿刑律，有54条是关于邮驿递铺组织管理的内容。从《金玉新书》可以看出，中国封建社会，至少是宋朝时期，政府对邮驿事业非常重视，关于邮驿的规定也很严格，这种"以法治邮"的做法，保证了邮驿的正常运行。

三、元朝改革后的官方邮驿

元朝统治者在邮驿方面进行了改革，不但在西域新添了很多驿站，还把驿路横贯到欧洲，形成连接欧亚大陆的一条长长的驿路。虽然元朝建立了严密的"站赤"制度，但在庞大的全国驿路交通网背后，却站着悲惨的站户。元朝统治者把负担转嫁给百姓，站户要供应各驿站来往官员的吃食，尤其当王公贵族出使时，更是山珍海味，异常奢侈。站户还要供应使者交通工具，主要是马、牛、驴和车辆，包括喂养牲畜的饲料和车的配件。站户们被沉重的负担压得苦不堪言，有的坚持不了，只好背井离乡，四处流浪，甚至老死在荒山野岭。

随着经济和文化的发展，明清时期进行了一些邮驿改革。明朝的"应合给驿条例"规定了符合用驿条件的人员，其他人不能"擅自乘驿传船马"，违反者将受到处罚。朱元璋还亲自处罚了一个开国功臣和他自己的两个女婿。明朝宰相张居正也进行了邮驿改革，提出六条新规定：如果没有公务，任何官员不得侵扰邮驿；过往驿站的官员只能按国家规定的级别接受食宿，不许提出超出规格的要求；官员不允许擅派普通民户服役；还规定官员凡是非公务的旅途费用，不得由驿站负担，也不得乘坐驿站的交通工具等。极大减少了邮驿的经费开支，减轻了老百姓的负担。

清朝邮驿制度改革的最大特色是"邮"和"驿"的合并。驿站从为通信使者提供服务，变成直接办理通信事务的机构，极大提高了工作效率。清朝统治者根据边疆各地的不同情况，在全国建成了密集的通信邮驿网。不少驿站职能范围不断扩大，来往客商也都进住了这种官方的旅馆。后来列强侵入，我国封建社会走向衰落，驿政废弛，驿递缓慢。随着近代邮政的建立，古老的邮驿制度慢慢退出了历史舞台。

现代的中国邮政面貌焕然一新，呈现出健康发展的良好状态，服务水平和业务发展都有了质的飞跃。随着互联网的普及，中国邮政抓住了电子商务带来的机遇，拓展了新的业务，既满足了人民的生活需要，又促进了社会政治、经济、科技、教育等事业的发展。

古代的产品质量控制之法

产品的质量控制是指为达到质量要求对产品生产各环节进行有效控制的过程。古往今来，"把控质量"都是一个经久不衰的话题。各朝各代在保证产品质量上的做法各有千秋，整体来看大致表现为设立质检部门、制定质检法规、提高生产者技艺三个方面。

一、设立质检部门

我国在殷商时期即设有专门管理织造事务的官职，名为"织正"。先秦在物品生产过程中也设立了专门的官员进行监督，在天官、地官、春官、夏官、秋官、冬官这六种官职中，冬官司空负责掌管工程营造和器物制作，司空下设工师监督，管理官营中的百工。秦国实施了物勒工名制度，即将工匠或工场的名字刻在生产的产品上，以方便管理者检验产品质量。

西汉时期，"物勒工名"制度逐渐成熟，还建立了国家级"质量档案"——骨签。目前所见的骨签最早的年号为汉武帝太初元年，记录着各地工官和中央某些属官向中央"供进之器"的内容，既包括名称和数量，也包括生产日期、生产工官、编号等，可以追溯生产源头。

秦汉时期主要发展官府手工业，对私营手工业则采取抑制政策。政府颁布了各产品的生产标准，其中"度""量""衡"分别由廷尉、大司农、鸿胪掌治。政府还设立了负责质量把控的官员——"大工尹"，主要职责是检验产品质量，如质量不合格，制造者就要受到处罚。

唐朝由工部主管官营手工业，下设少府监进行行业监督，军器监负责监造、管理兵器。

北宋的军器监负责兵器的质量管理。军器监派人到各处制作院下达制作的规格、标准，将所制作兵器按优劣分为三等，作为各州制作院官员升降的考核依据。

南宋的商品质量标准由行会来把关。为了加强管理，宋朝官府命令商铺、手工业和其他服务性行业的相关人员必须加入行会，并按行业登记在册，否则就不能从事经营。商品的质量也由各个行会监督，行会首领负责评定商品成色和规定商品价格，充当本行成员的担保人。

二、制定质检法规

《礼记》中记载："五谷不分，果实未孰，不粥于市。"意思是五谷与水果未成熟的时候不允许在市场上贩卖。这大概是我国历史上最早的关于食品质量的记录。

《周礼·考工记》对周朝各种器具的制作标准及工艺流程作了具体的规定。《考工记》中记载："审曲面埶，以饬五材，以辨民器。""审曲面埶"是对当时手工业产品的类型所作的规定；"以饬五材"是对自然之材即原材料的界定；"以辨民器"是对产品进行质量检测的规定，合格者才能使用，残次品则不得在市面上流通。

唐朝由管理市场的官员市令掌管物价，实行三贾均市，每十天对物价进行调研、评估，确定三等价格作为市场的指导价和官方买卖的物价依据。唐朝对进入市场的商品的质量要求也十分严格，《唐律疏议》卷二十六"杂律"中规定："诸造器用之物及绢布之属，有行滥、短狭而卖者，各杖六十。不牢谓之行，不真谓之滥，即造横刀及箭镞用柔铁者亦为滥。得利赃重者，计利，准盗论。贩卖者，亦如之。市及州县官司知情，各与同罪；不觉着，减二等。"意思是贩卖质量不合格的物品会受到六十杖的处罚。高价卖出低成本的物品以偷盗的罪名处罚，反之买家低价买到高成本的物品也是如此。如果监管部门知情，便跟上述人员受同样刑罚，如果不知情，就酌情处理。监管部门还对在市场上交易物品的质量优劣作出了相应的评定标准。

北宋思想家、政治家、文学家王安石制定了《农田水利约束》，编著成《军器法式》，所谓"法式"，即供当时官营手工业遵循的标准。《军器法式》共110卷，其中47卷为兵器制造标准，一卷为材料标准。

历朝历代都规定了产品验收制度和对于不合格者的处罚措施。官府监造的产品一般是由生产者自检后，再由官方派人验收，而且秦、汉、唐、宋、明、清都以法律形式颁布了对生产劣质产品行为的处罚措施，如没收、罚款和对官吏撤职、降职等。

除了监管和处罚外，为防止出售者利用消费者不知情进行欺骗性质的交易，历代还建立了一些契约制度。《周礼》记载："听买卖以质剂。"质剂指的是契约。在汉朝，还建立了担保制度。唐朝，规定了马、牛、驼、骡、驴等交易必须立市券，并实行"三日听悔"制度。即规定三天内，买方发现马、牛、驼、骡、驴等有病，卖方要无条件进行退货，要不然卖方就要受到鞭杖40下的处罚。当然，买方同样不能有欺诈行为，比如没有诚信，把马、牛、驼、骡、驴等没有病说成有病，也要受到同样的处罚。

三、提高生产者技艺

所谓"器成于隳"，意思是说工艺水平的高低决定了产品质量的优劣，所以提高工匠技能水平尤为重要。

古代技术培训方式主要是"父子世以相教"。但因为其局限性，这种培训方法被不断地改善和创新。

《管子·小匡》中记载："令夫工群萃而州处，相宾材，审其四时，辨其功苦，权节其用，论比协制断器，尚完利。"由此可以看出管仲将工匠聚集在一起，相互观摩讨论，交流经验技巧，推动工匠培训从家传制度向艺徒制度转变。"少而习焉，其心安焉，不见异物而迁焉。"这句话也体现了工匠的专注精神。这种有组织的集中式职业训练方法后来被沿袭下来。汉武帝在推广新田器和新耕作法时，命令大司农选取有技巧的工匠制造新田器，组织大规模集中培训，要求全国县令、力田、三老、乡里老农到京师学习新田器使用方法和耕种养苗法。

管仲认为，工师除了组织工匠培训外，还负有考查工匠技艺、检测产品质量等职责。"论百工，审时事，辨功苦，上完利，监一五乡，以时钧修焉；使刻镂文采，毋敢造于乡，工师之事也。"

王安石则是不拘一格选拔人才，召集各地的优秀工匠来到京城，交流经验、互相学习、提高技术，从中选拔优秀人才。《皇宋通鉴长编纪事本末卷》中就记载了熙宁六年十二月两名工匠因为技艺精湛而被赋予重任。

古代对工徒技术的考核相当严格，一般以所制产品质量的优劣来采取奖惩措施，对不能完成训练和达不到质量要求的工徒，甚至连带到保举人和工师都要受到惩罚。宋朝建立了尤为严格的训练与考核制度，用法式考核学徒。据《宋史》记载："庀其工徒，察其程课、作止劳逸及寒暑早晚之节，视将作匠法，物勒工名，以法式察其良窳。"

唐朝交通面面观

　　唐朝时我国封建社会法律制度十分健全，涵盖了民事、刑事、经济等各方面的规定，其中也包含了交通管理方面的内容。到目前为止，我国最早的交通规则是唐贞观年间著名政治家马周制定的关于右侧通行的规定。实行这样的规定后，每当人们快到城门时，就自觉形成"来左去右"的行走规则。这样既便于检查，又避免了行人互相拥挤和撞碰之苦。《新唐书》卷九十八《马周传》中记载："先是，京师晨暮传呼以警众，后置鼓代之，俗曰'冬冬鼓'……城门入由左，出由右；飞驿以达警急；纳居人地租；宿卫大小番直；截驿马尾；城门、卫舍、守捉士，月散配诸县，各取一，以防其过，皆周建白。"可以看出唐朝在贞观年间就已制定了较为完善的城市交通管理制度。

一、唐朝的交通规则

（一）维护封建等级秩序的交通规则

　　封建社会等级森严，这种严格的等级制度也体现在交通法规之中。皇帝拥有"专用道"，进出"专用门"，如果有人误闯，那等待那个人的就是"十恶不赦"中的"大不敬"罪名，轻则流放、处斩，重则亲人受到牵连。而唐《仪制令》中记载的"诸行路巷街，贱避贵，少避老，轻避重，去避来"规定了行人及车辆的礼仪。即使不同品级的官员在路上相遇，唐朝令、式中也有规定："准《仪制令》：三品已上遇亲王于路，不合下马。"在唐朝的宗教法典《道僧格》"行路相隐"条也规定了"凡道士、女道士、僧、尼于道路遇五品以上官者，隐"。实施这样的交通规则，结果自然是道路通畅，人们友善礼让、关系融洽。

（二）"上泝避下泝"的水上交通规则

我国最早的水上通行规则是唐律中的水上交通规则，水上通行与陆路通行不同，船只在水上相遇，回避的空间很小，若不单独制定水上交通规则，很容易出现船只相撞的现象。正因如此，唐律中专门制定了水上通行的规则："或沿泝相逢，或在洲屿险处，不相回避，覆溺者多，须准行船之法，各相回避，若湍碛之处，即泝上者避沿流之类，违者，各笞五十。"这里的规定，和现代的水上交通规则很相似，"泝上者避沿流"，也就是上行回避下行的行船原则。在《唐律疏议》"乘官船违限私载"条中，还对超载行为制定了相应的处罚，以保护乘船者的人身和财产安全。"诸应乘官船者，听载衣粮二百斤。违限私载，若受寄及寄之者，五十斤及一人，各笞五十；一百斤及二人，各杖一百；每一百斤及二人，各加一等，罪止徒二年。"

（三）严禁在街巷和闹市区"飙车"的交通规则

在唐朝，如果在长安城"飙车"，会受到严厉的惩罚。《唐律疏议》卷二十六"无故于城内街巷走车马"条规定："诸于城内街巷及人众中，无故走车马者，笞五十；以故杀伤人者，减斗杀伤一等。"在城内"飙车"要被当众笞臀五十，如果出现严重交通事故，造成人员伤亡的，要受到律法的制裁。若是因为政府传递公文、朝廷发布命令、急于追人、有病求医而在人群中快速驾马的可以免于处罚，但如果造成了人员伤亡的，也要罚款，交钱赎罪。唐律从维护人身和财产安全的角度出发禁止在街巷、闹市区"飙车"的规定也影响了后世的交通法规。

二、唐朝的交通管理部门

（一）交通管理机构

唐朝从中央到各州县都设立了专门的交通管理机构。如陆路交通，为了方便信息的传递，唐朝实行驿站制度。全国总共有 1639 所驿站，每 30 里设一个驿站。驿站的车、马由驾部郎中负责。据《唐令拾遗补·厩牧令第二十五》记载："诸道须置驿者，每卅里置一驿，若地势险阻，及无水草之处，随缘置之。"驿长负责驿站的管理。道路桥梁的管理由工部下辖的都水郎中负责。都水监下设舟楫署，负责管理水上交通工具，而将作监负责道路的修缮等方面的事务。

（二）道路管理机构

唐朝在各州县也建立了相应的道路管理机构。唐朝地方上实行州、县二级行政管理体制，户曹和士曹是州一级的道路管理部门，"户曹、司户参军掌户籍、计帐、道路、逆旅、田畴、六畜、过所、蠲符之事"；"士曹、司士参军掌津梁、舟车、宅舍、百工众艺之事"。到了县级，县令负责道路的维护管理，据《唐六典》卷三十记载："籍帐、传驿、仓库、盗贼、河堤、道路，虽有专当官，皆县令兼综焉。"各事务都由县令具体负责。

三、唐朝对道路的养护

（一）道路养护的法律规定

唐朝长安城的道路十分整洁。城门所对大街的路面用砖铺成，而不是我们印象中的青石路面。道路两侧有排水沟，还栽种树木，树以国槐为主，现在的西安城还存留着许多唐朝时期的大树。长安城内其他的道路是将沙子和泥土相混夯实，和现在的三合土类似，还铺上了细沙用来防尘。唐诗云："长安大道沙为堤，早风无尘雨无泥。"如此规范整洁的道路自然是需要专业的维护。

为了防止道路被大雨冲刷，美化道路环境，唐朝政府曾多次下令在道路两旁栽种树木。早在前秦苻坚统治时期就注重绿化，"自长安至于诸州，皆夹路树槐柳，二十里一亭，四十里一驿，旅行者取给于途，工商贸贩于道"。唐朝沿用了这种做法，唐玄宗开元二十八年正月，"令两京道路，并种果树，令殿中侍御史郑审充使"。殿中侍御史，位从七品下，其职责颇重，"凡两京城内则分知左、右巡，各察其所巡之内有不法之事"。对道路两旁枯死的树木，可以砍伐，另作他用，但砍伐之后必须补种。

（二）对于损坏道路行为的惩罚

唐朝法律严禁私人占用街道、在街道两旁取土、将污秽之物排放街道等行为。对此，唐律制定了相关的惩罚措施："诸侵巷街、阡陌者，杖七十。若种植垦食者，笞五十，各令复故。虽种植，无所妨废者，不坐。其穿垣出秽污者，杖六十；出水者，勿论。主司不禁，与同罪。"长孙无忌在疏议中解释道："'侵巷街、阡陌'，谓公行之所，若许私侵，便有所废，故杖七十"；"其有穿穴垣墙，以出秽污之物于街巷，杖六十。直出水者，无罪。'主司不禁，与同罪'，谓'侵巷街'以下，主司并合禁约，不禁者，与犯罪人同坐"。由此看出，唐朝法律不但规定了对犯罪者本人的处罚措施，也规定了主管官吏的法律责任。如果主司不去禁止，则与犯罪者同样治罪。

总之，唐朝陆路、水陆交通发达，经济十分繁荣，贸易往来频繁，成为我国封建社会的鼎盛时期。都城长安规模宏伟，布局对称，道路宽阔，四通八达，既是当时中国政治、经济和文化中心，也是一座国际性的大都会。经济的发展与交通关系密切，唐朝在交通管理方面的规定，其精华部分是值得我们借鉴的。

古代社会对医患纠纷的处理

医生和患者之间是既相互依存，又相互存疑，容易产生医患纠纷。随着社会、经济发展，医疗体系也在各种变化中发展进步，医患关系也成为社会关注的热点话题。医患纠纷严重影响了正常的社会秩序，也影响了医院的工作环境，成为需要妥善处理的现象。

在古代同样存在医患关系不和谐的现象，因医疗事故引发的医患纠纷在史籍中有很多记载。中国历朝历代都制定了许多行之有效的管理制度和规范，起到了较好的效果。

一、医生主动减少医患纠纷的做法

（一）全社会共同培养良好医德

古有"医司人命，非质朴而无伪，性静而有恒，真知阴功之趣者，未可轻易而习医"的道德要求，在中国古代被社会各阶层认可，这使得古时从事医疗行业的人必须保持良好的医德，并且有丰富的经验，这从根本上减少了医患矛盾发生的概率。

历朝历代对医生的资质、医学技术的要求都有严格规定，违者严格处罚，让不学无术、未与时俱进的庸医等望而却步，在一定程度上减少了庸医的出现。

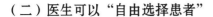

（二）医生可以"自由选择患者"

古代没有全科医生的概念，即便是现代的全科医生也不能对所有疾病都熟悉。即便医生医术再高明，职业修养再高，也不可能完全杜绝医疗风险，所以有时难免出现医患纠纷。为了尽量减少不必要的纠纷，古代政府和社会默许医生可以"自由选择患者"。医生也十分注重自我安全保护，在行医时一般会"挑病人"，会拒绝治不好、不好治的患者。

（三）医生与患者共享治疗信息"预后"

"预后"是古时医生除了选择患者之外的另一种保护自己的做法，相当于现在医院的治疗信息共享。通常在确诊后，医生会把病情告知患者，还有医疗意外程度，会让病人及家属作出决定是否继续治疗，或者"另选良医"，病患都需要做好心理准备。

二、历代医疗纠纷解决机制

（一）先秦时期基于医生立场而建立的行规处理制度

真正对医患关系进行规范化、制度化管理，则要追溯到距今 3000 多年的周朝。据《周礼·天官冢宰》记载，西周时期，官方就已经开始建立医师管理制度和医疗失误处理方法，对医患纠纷进行监督、协调与奖惩。这个时期对于医患关系的规范管理，更多的是行规，规避重点是医生。

战国时期的扁鹊是一位著名的医师。据《史记·扁鹊列传》记载，为了避免和患者产生纠纷，扁鹊给自己立了个规矩，即"病有六不治"。换句话说，在扁鹊眼里，有六种人不医，"骄恣不论于理"的"医闹"首当其冲。鉴于扁鹊的影响力，当时的医生纷纷仿效，"病有六不治"渐渐成为行规，对"医闹"敬而远之，渐成风气。现代医疗制度也深受这一行规的影响，目前医院要求患者签订"病危通知书""手术同意书"的行为，就是在古代"预后"行规的基础上演变出来的。

（二）唐代颁布专门的医疗事故处理条文

在唐代之前，在医疗行规面前，患者处于弱势，大部分的医患纠纷选择"私了"。这种不对等的关系，使得患者不堪重负，心有怨恨，敌视医生，久而久之，医患关系变得非常紧张，于是唐宋开始制定法律来规范处理医患纠纷。

唐代对药事管理十分重视。据史料记载，为了确保安全用药，唐代专门颁布了中国首部药典《唐新修本草》。

除了重视药事管理，在最容易导致医患关系爆发的医疗事故方面，唐代还颁布了专门的处理条文。《唐律疏议》中有很详细的记载，如其中的"杂律·医合药不如方"中说："诸医为人合药及题疏、针刺，误不如本方，杀人者，徒二年半。疏议曰：医师为人合和汤药，其药有君臣、分两，题疏药名，或注冷热迟驶，并针刺等，错误不如本方者，谓不如今古药方及本草，以故杀人者，医合徒二年半。若杀伤亲属尊长，得罪轻于过失者，各依过失杀伤论。其有杀不至徒二年半者，亦从杀罪减三等，假如误不如本方，杀旧奴婢，徒二年减三等，杖一百之类。伤者，各同过失法。"

（三）元代出台医疗救助法律制度，解决没钱看病问题

随着社会的发展，医生和患者之间的关系逐渐发生着改变。在元代，处理医患纠纷的诏令比之前多了许多。元代对医疗机构拒绝治疗没有钱患者的行为进行严惩，从制度上解决了患者没钱医生不看病的问题。据史料记载，元朝颁布了《通制条格》，其中重点对"医药"进行了规定，要求严惩"假医"，官办医疗机构惠民局必须进行"医疗救助"。公元1299年，元成宗下诏，要求"各路置惠民药局，择良医主之，庶使贫乏病疾之人不致失所"。

（四）明朝颁布法律，强调证据，借助第三方仲裁处理医患纠纷

与前面的朝代相比，明代对医患关系的处理更加全面，也更注重证据。据史料记载，明代首次采用第三方鉴定作为处理医患纠纷的重要依据。对违规的医生，《大明律》规定"不许行医"，比照现在来说，就是吊销"行医资格证"。处理事故时，《大明律》规定"责令别医辨验"，首次提出第三方鉴定的概念，就是医疗事故鉴定报告必须由第三方来出，以凸显报告的客观公正，直接影响医疗事故的责任确定。

另外，明朝还沿袭了之前对造成医疗事故的医生处以极刑的规定。《大明律·刑律·人命》中"庸医杀伤人"条规定："凡庸医为人用药针刺，误不依本方，因而致死者，责令别医辨验药饵穴道，如无故害之情者，以过失杀人论。不许行医。若故违本方，诈疗疾病，而取财物者，计赃，准窃盗论。因而致死，及因事故，用药杀人者，斩。"也就是说，庸医致人伤残乃至死亡的，最高可以判处死刑。

（五）清朝制定法规，从医患关系源头抓起

到了清朝后，《大清律例》集各朝代法律法规所长，详细明确规定了医疗纠纷的处理。其最大特色就是从医患关系源头抓起，培养良律、良医、良药和良患。晚清修订的《大清律例会通新纂》卷二十五则记载："庸医杀人必其病本不致死，而死由误治显明确菌者，方可坐罪。如攻下之误而死，无虚脱之行滋补之误而死，无胀瀵之迹，不使归咎于医者；其病先经他医，断以不治，嗣被他医误治而死，行迹确凿，虽禁行医不治其罪，以其病属必死也。"晚清修律时，新增了"凡未经官署许可之医者，处以五百元以下之罚金"，进一步限制医家行医资格。

资料显示，清朝时期绝大多数的医疗纠纷通过民间调解来解决。许多医家为了不影响名誉，通常会与患方协商私了。1879 年，清光绪己卯年苏州关外幼科某医不慎毙某翁独子就是一例。医家自知误诊，即自愿以其次

子过继某翁，其知错改错态度可见一斑。这就是医患双方直接协商或者通过第三方居中调解的成功案例。

闻名于世的《言医》说："学不贯今古，识不通天人，才不近仙，心不近佛者，宁耕田织布取衣食耳，断不可作医以误世。"术业有专攻，具备高超的医术、高尚的医德，不谋重利可以称为良医；情达理、信任不隐瞒即可为良民；制定切实可行的医适用法即为良律。这也是古代政府处理医患关系留给我们的启示。

我国古代政府医疗体系初探

习近平总书记指出，没有全民健康，就没有全面小康。要推动医疗卫生工作重心下移、医疗卫生资源下沉，推动城乡基本公共服务均等化，为群众提供安全、有效、方便、价廉的公共卫生和基本医疗服务，真正解决好基层群众看病难、看病贵问题。医疗体制事关民生福祉，也是民心所系。要办好人民满意的医疗卫生事业，我们可以从我国古代医疗体系形成与不断完善中寻找历史借鉴。

一、我国古代政府医疗体系发展概况

《周礼·天官冢宰》中记载："医师掌医之政令，聚毒药以共医事。凡邦之有疾病者、疮疡者造焉，则使医分而治之。岁终则稽其医事，以制其食，十全为上，十失一次之，十失二次之，十失三次之，十失四为下。"早在周朝，医学不仅成为一门专业，而且还开始有了明确分科。分科类别为五种：（1）医师，是医疗行业首领，为众医之长，隶天官冢宰，掌管医政和医疗，又设府（保管人员）、史（记录）、徒（役使）辅佐工作；（2）食医，主要负责帝王用饮食，相当于今天的"厨师长"，主要任务就是负责"食疗"，不仅要让"领导"吃好，还要让食物有益于身体健康；（3）疾医（内科医生），相当于现在的"社区医生"，专门为老百姓治疗疾病；（4）疡医（外科医生），就是拿"手术刀"的医官。子曰："身体发肤，受之父母，

137

不敢毁伤，孝之始也"。在这个认知下的"疡医"可是"逆天而行"的业务，可以想象其难度之大；（5）兽医，古指掌疗兽病之官，后泛指治疗家畜家禽疾病的医生。此外，古代政府还设置了专门负责掌管药物、器械的职位，相当于现在的药师、技师；负责医案、文书的职位，相当于现在的医学档案管理员；专门看护病人的职位，近同于现在的护工、护士职位；等等。

周朝医疗体系不仅分工明确、各司其职，每个职位每年还有年终考核。考核结果决定每个人的职位是否继续保留，薪水是否调整，职务是否升迁，与每个人每个岗位的业绩及从业声誉评估紧密挂钩。

到"百家争鸣"的春秋战国时期，医疗行业在产、学、研各方面出现了"比、学、赶、帮、超"的盛况。中医药理论体系开始建立并逐渐形成体系。太医、御医、太医令等医疗行业最高职务的出现，就是秦朝医学繁荣与市场需求的产物，标志着古代政府医疗体系的成熟。

东汉时期增加了三个药职，即中宫药长、尚药监和尝药太宫。自隋开始，太医署就已经成为类似于现在的"国家卫生健康委员会"的医疗行政管理机构。在太医署之下又专门设立了专门管理药物的药藏局。宋朝时医疗教育从医疗行业中分离出来：翰林医官院负责完善医疗制度、太医局负责医疗教育、御药院专门负责药政、尚药局则负责药材研发。这些足以证明我国古代政府对医疗的重视。在元朝还建立了面向普通百姓的医疗机构；明朝重点监控经费和管理问题；清朝重点在医药制作的管理，对有问题的医药和医生按照过失杀人来处罚，并且终身禁止再行医，重者处以死刑。

二、我国古代政府首创"公费医疗制度"

古代公费医疗制度起源于西周时期。不过这个时期，只有贵族和皇室能够享受公费医疗。《周礼·天官》记载，周代的"疾医"的职责是"掌养万民之疾病"，即医疗行业要普惠全体老百姓：一是要方便就医，二是要看得起病，当时较常见的办法是设置免费医治场所并"赐药"，但还没有上升到制度化和常态化层面。

秦朝大一统之后，公费医疗开始逐渐向全国各个阶层推广，北魏政府出现了免费医疗的国家"顶层设计"：据《魏书》记载：公元470年，北魏献文帝发布诏令："朕思百姓病苦，民多非命，明发不寐，疚心疾首。是以广集良医，远采名药，欲以救护兆民。可宣告天下，民有病者，所在官司遣医就家诊视，所需药物，任医量给之。"这表明北魏献文帝明令要求州县各级官办医院，不仅全部免费提供医疗服务，还要为穷困百姓提供上门服务。这位皇帝"爱民如子"的情怀值得后人铭记。

到了唐宋，县级就开始配置医官，初步形成"全民公费医疗体系"，每一万户有1—5名医官负责，医生是太医院或者是当地医学院"统一分配"的毕业生。这种公费医疗机构大都设在县衙旁边，方便百姓寻医问药的同时，也方便基层政府监督与管理。大唐之后的老百姓和各级官员都能够享受到"皇恩浩荡"了。这对民心所向、社会稳定、经济发展的促进作用不言而喻。

明朝时期的公费医疗体系发展得更加完善。《明史·职官志》记载："洪武三年，置惠民药局，府设题领，州县设医官，凡贫病者，给之医药。"明洪武十九年规定，无依无靠的鳏寡孤独，每年给予六石米；建文元年改为三石米，可以让亲戚代养，无亲可投的入养济院；明英宗时设东、南、西、北四座"福田院"，每年国库拿出500万—800万两白银，老百姓可以从"福田院"免费领取米和柴、冬夏两身衣，病了由官医免费医治，去世后由政府负责安葬，实现了从摇篮到坟墓的终极关怀。

三、医学研究是古代医疗体系的重要组成部分

中国是世界医药文化发祥地之一，中国医学研究成果——中医成为中华文明的重要内容。中医发源于黄河流域，很早就建立了学术体系。中医

在漫长的发展过程中，涌现出了许多重要的学派和著作。

中医的发展已有 3000 多年的历史。早在夏商周时期，中国就已出现药酒及汤液。在周代已经使用望、闻、问、切等诊病方法和药物、针灸、手术等治疗方法。闻名于世的《诗经》不仅是文学著作，还是最早记载药物的文献。现存最早的药学专著《神农本草经》是秦汉时期众多医学家搜集、总结了先秦以来丰富药学资料而成书的。该书记载药物 365 种，至今为临床所习用。秦汉时期还形成了《黄帝内经》这样具有系统理论的著作。此书是现存最早的一部中医理论性经典著作，也是现在中医学习和研究的基础理论。张仲景所著的《伤寒杂病论》专门论述了多种杂病的辨证诊断、治疗原则，为后世的临床医学奠定了发展的基础。《三国志》中记载了名医华佗已开始使用全身麻醉剂"麻沸散"进行各种外科手术。

从魏晋南北朝时期到隋唐五代时期，最突出的中医成就当数脉诊。晋代名医王叔和所著《脉经》对 24 种脉象有非常详细的描述，至今依然是重要的中医指南。其他研究成果也是名动天下、福泽后世，如针灸专著《针灸甲乙经》、制药专著《雷公炮炙论》、外科专著《刘涓子鬼遗方》、病因专著《诸病源候论》、儿科专著《颅囟经》、药典开世专著《新修本草》、眼科专著《银海精微》等。唐代孙思邈的大型方书《千金要方》、王焘的《外台秘要》更是名重千秋。

唐朝以政府行为完成了世界第一部药典性本草——《唐本草》的编修工作，全书记载药物 850 种，药物图谱琳琅满目，中药学的规模格局凸显。宋代针灸研究有了重大突破，王惟一所著《铜人腧穴针灸图经》出现了等身大针灸铜人两具，开创了医学研究与医学教育结合的新天地。明代的中医实践把伤寒、温病和瘟疫等病分而治之，把中医带向了新高度。明代医药学家李时珍历时 27 年完成的中药学巨著《本草纲目》，全书记载药物 1892 种，成为中国本草史上最伟大的集成之作；清代的专著《温热论》揭开了温病学的神秘面纱。

四、古代医疗慈善事业对政权稳定、社会安定、体系优化起到了重要作用

为解除民间疾苦，古代政府也积极主动地寻找补充其不足的各种方案。在政府的支持下，各种慈善、救济机构遍布全国。

南朝齐国时期设立了"六疾馆"，专门收治没钱治病的穷人，不过并非专门的医疗机构，相当于现代的福利院。"六疾馆"救治了无数的贫苦百姓，使当时贫苦的老百姓获得了益处。

"悲田养病坊"是唐代官办的福利机构。"悲田养病坊"包括悲田院、疗病院、施药院三院，相当于现代免费住宿的诊疗所、养老院、孤儿院，是对贫困者、孤独者、疾病者的免费诊视、收容、救助的慈善机构。武则天时期，在全国设立"悲田院"以收容孤儿及孤老，设立"养病院"对疾病者施予医药的治疗。这些机构由国家设官统一管理，但由佛教寺院具体经营。在地方上，大多为寺院直接管理经营。这种收容贫民看病的公费医院，遍及唐朝的各大州、郡、县。开元年间，唐玄宗还诏令"禁京城丐者，置病坊以廪之"，把所有乞丐都收容于"悲田养病坊"中养起来。

宋朝确立了"以国有医院为主渠道，慈善医院为辅"的穷人医疗体系。除遍布全国的惠民药局保证老百姓有病无钱可医外，宋朝还创建了完全由国家财政负担的公立全部免费医院——"安济坊"。至绍兴十三年（1143年），奉圣旨令户部措置下，当地政府对老疾贫乏除有疾病给药医治外，还"支常平钱米至来年二月终"，保证病人在青黄不接时解决温饱问题，"赖以全活者甚众"。

元明时期对"老弱群体"实施救济的措施是以养济院为主，另设安乐堂、栖流所、惠民药局等救助机构补充。清朝雍正时期在全国各地设立普济堂和育婴堂，其品牌与功能延续至今。

民间社会保障机构是对官办机构的补充，在整个社会保障体系中起着

相当重要的作用。"不为良相，便为良医"是古代文人墨客的家国情怀，也是政府之外社会救助的主力军。入朝为官、下野为医，宰相和医生都胸怀拯救天下苍生的抱负。民间救助比较有代表性的是明万历年间杨东明组织的同善会。晚明爱国士人祁彪佳建立的慈善病坊和药局也影响深远。他在离开官场的八年时间里经历了几次严重的饥荒和瘟疫，儿子也死于痘症。经历丧子之痛的他联合十位名医，共同举办免费医疗的药局，此举拯救了一万多人的生命。

此外，宗族和宗教在慈善救助中也扮演着重要的角色。"义庄"便是宗族慈善的代表。明代无锡巨富安国及其子孙的"赡宗党"救助项目，在族内承担了助学、养老、残疾救助、济贫、婚丧嫁娶补助和灾害、医疗救助等保障项目。

我国古代慈善救助的活动形式多种多样，覆盖面广，效果显著，形成了官方为主、民间为辅的基本格局。无论是朝廷推动的慈善救济工作，还是民间慈善活动，一般都由地方上有影响的官员或士绅出面主办，经费来源主要是官员和文人、开明绅士的捐献，平民百姓很少参与。这些儒学的接受者注重修身、齐家、治天下。范仲淹的"义庄"、宋熹的"社仓"都是先为族人而设，祁彪佳的药局开始惠及的也是本地老百姓，然后逐步扩大到更多地方。

中国古代的救灾制度

中国自古以来便以农业立国。农业的发展与自然条件高度相关。中国幅员辽阔，水灾、旱灾时有发生。灾年不仅会造成粮食匮乏，百姓流离失所，救灾不慎还会带来巨大的社会问题，严重的还可能引发政治危机。所以古代的中国渐渐形成了以官府为主、民间义赈为辅的赈灾制度。这一制度在灾前防范、灾中勘验以及灾后救助等方面，均起到了较好的作用，不仅可以救民众于水火，而且提高了与大自然共生共存的能力，巩固了国家政权的稳定和社会的凝聚力。

一、政府救济与民间义赈

历史上发生的灾害多如星河，抗灾救灾的记载几乎成了历朝历代的"家常便饭"。从有关记载来看，历史上的赈灾工作主要由政府负责，包括朝赈和官赈两种方式。朝赈由朝廷主持，通常是给受灾的地区发放钱粮和赈粜，灾荒过去之后朝廷还会通过减免、缓征租赋之类的政策来减轻民众负担；官赈由地方政府主导，会调用地方库藏的钱粮来赈济灾民。此外，遇到灾情，民间也会自发捐粮捐款救济灾民。民间义赈成为政府赈灾的有益补充。政府可以同时调度社会各阶层的力量，从而最大限度降低灾情导致的伤亡和损失。

二、防灾、勘灾和救灾流程化管理

我国古代救灾流程大体上可分成灾前防范、报灾与勘灾和救灾三个阶段。历朝历代都建立了各项救灾避灾制度，使救助机制得以良性运转。

（一）灾前防范

古人很早就认识到灾前防范的重要性。古代灾前的防范措施主要包括完善粮食储存制度、兴修水利、加强气候监测和建立粮食呈报机制等。比如位于四川成都平原西部都江堰水利枢纽工程，现在的灌溉区域还有40余个县。这是战国时期秦国蜀郡太守李冰率众修建的防灾救灾工程，其以年代久、无坝引水为特征，在世界水利史上绝无仅有。

"建仓积粮"对抵御灾害有着尤为重要的作用。到了明清两朝，仓库积粮系统已较为完善。省会城市和州郡会设有常平仓，乡镇设有社仓，城镇设有义仓，边疆地区也设有军营仓。

西汉开始创建的常平仓是官方组织修建的粮仓，丰年时以陈换新，遇灾年便采用平粜或者散济的方式来赈济灾民。汉朝规定各地乡绅和富民必须捐粮，捐粮方式有按亩征摊捐粮、截漕粮以补缺以及开贡监名额以捐纳等，这些粮食均用来充实粮库。常平仓的救助范围也不局限于本地，如果其他地区突发重灾，且当地仓谷粮食不够时，也可以征调外地常平仓的粮食来进行援助。

社仓始建于隋代，通常由民间推选出的社长来管理，用春贷秋还的办法为贫民提供救助。社仓的粮食主要是通过地方官吏的调拨和民间的捐助来获得的。

义仓是民间慈善的一种形式，多由民众捐助建成。如清代雍正年间，财力雄厚的两淮盐商就在扬州建立盐义仓来存储救济用粮；雍正四年（1726年），淮商筹银32万两专为买谷建仓之用；浙江众商也募银十万两，在杭州建粮仓。道光年间，林则徐也在江苏府建了长元吴丰备义仓，"以丰年之有余，备荒年之不足"。

除了预存灾粮，古代政府还积极发展农业、鼓励垦荒、引入先进的农业技术、兴修水利等农业基础设施，这些都是古代政府防灾的重要措施。

（二）报灾与勘灾

古代信息传递速度较慢，朝廷为了更为准确及时了解各地灾情，会要求地方官在规定时限内上报灾情，逐级汇总，再上报中央。比如：明朝法律规定如超期一个月没有按规定上报，则相关联的各级官员都将面临被罚俸银的处罚；超期一个月以上降一级官职，如果因延期不报产生严重后果，涉事官员将被革职。清朝也有明文规定，各地发生重大自然灾害，如地方官未及时上报，将会受到重罚。

除了需要及时上报灾情，地方官员还需要在规定日期内完成勘灾的工作，即通过详细勘查，完成对灾情严重程度的评估，以此作为后期救济的参考标准。同时，朝廷会根据灾情严重程度指派相应职级的官员负责赈灾。遇到重灾时，地方督抚大员要亲自负责勘察，并上报赈济情况；普通灾情则由知府、同知、通判会同州县官员勘核完成，再逐级上报朝廷。

在勘灾流程方面，勘灾官员须先制作灾情影响图表。之后记录受灾户的姓氏、人口、居住地、受灾田地数量等详细信息，这些信息均需要由受灾户填写，经地方核验之后，按照行政分类装订成册，作为底本。接下来查灾官将据此一一核实状况。查灾官核实完后，将底本上交州县，州县负责官员将据此制成总册，再附上绘制的受灾地图和各州县政府赈济意见，之后一并汇总上报朝廷。朝廷会根据灾情严重程度制定相应的救助政策。

（三）救灾

如遇到重大自然灾害，朝廷一般会有灾蠲、减征和缓征赋税等举措。

首先会采取的措施是灾蠲和缓征，这部分政策是针对有地农户的。灾蠲指政府减免灾害时期民众的税收，缓征则是指当年的应收账款钱粮延期至灾后再收，缓征的延缓期限取决于当地灾情的严重程度。

对于灾年时难以生存的失地农民和佃户，地方政府会通过修建粥厂煮粥、发放散米等方式来进行救助。康熙四十三年（1704 年），时任直隶按察使的李光地受命赈济河间府水灾时，就采用了修建粥厂的方式来救助灾民，这一举措取得了良好成效。之后全国各地一些乡绅也加入到了救助活动之中，施粥发粮给灾民。施粥设厂的救济方式也渐渐成了定制，这一方式不仅用来赈济灾民，也会定期救济城市里的流民和乞丐。如果灾害发生在冬季，政府还会增加发放棉衣使灾民不致受冻。

灾荒时期大批百姓生计无着，因此，有时政府会把灾民们组织起来兴修农田水利等工程，并按工给予报酬。如清代嘉庆六年（1801 年），朝廷就征召了五万余灾民兴建永定河工程，推行以工代赈。这样做一方面能够缓解灾民贫窘的生活；另一方面又能安定民心和社会秩序，还因此修建了利民的公共设施。这样的举措比起纯粹的救助，无疑更加具有积极意义。

报灾、勘灾、审户和发赈这几个步骤，每个步骤都会辅以严格的问责方式，以督促当地官员落实赈灾工作。

三、普及救灾知识，编修救灾图书

自宋代起，一些汇总政府和民间救灾经验的著作开始问世，其中较为著名的有《救荒活民书》《康济录》《筹济篇》等。这些著作开始对自然灾害有了规律性的研究和汇总，对在此之后的防灾、减灾和救灾工作有着积极的作用。明嘉靖时期编写的《湖广图经志书》，记录了正德十一年（1516 年），湖广大洪水期间政府赈济的方法和程序。在急赈，初赈，报灾，勘灾，施粥，放赈，预防百姓多报、官吏瞒报方面都作出了具体的评述。

清代著名救灾图书《赈豫纪略》则是一份呈报朝廷的，包含了赈济程序与办法的综合报告。赈灾官员钟化民采用图画的方式，呈现了自己从受命对河南饥荒的赈济，到完成复命的全过程，内容包括恩赈遣官、宫闱发帑、首恤贫宗、加惠寒士、粥哺垂亡、金赒窘迫、医疗疾疫、钱送流民、赎还妻孥、分给牛种、解散盗贼、劝务农桑、劝课纺绩、民设义仓、官修常平、礼教维风、乡保善俗、复命天朝。这本书对救助制度的标准化、规范化，对于指导地方官员更好地抗灾和救灾，都有着重要的理论和现实意义。

四、古代救灾机制的现代启示

中国古代在面临自然灾害时建立了一套相对制度化且行之有效的救灾机制。从我国古代救灾机制中学习经验和教训，有助于健全我们的现代赈灾制度。

其一，充分调动全社会的积极性，达到赈灾的社会化目标。动员全民参与的赈灾机制，既可以让受灾群众得到更充分有效的救助，减少伤亡，还可以团结民心，让人民群众在参与中获得道德教育，提升整个社会的精神风貌。

其二，政府应逐步实现财政救助机制的规范化、制度化、法制化。中国古代政府虽已经建立了比较完善的救灾抗灾制度，且赈灾流程也已经较为成熟，不过部分赈灾举措仍仅仅以惯例的形式存在，缺少必要的法律规定。

其三，救灾需要和反腐工作相配合。古往今来，赈灾工作多伴随着官吏腐败的乱象，所以中国自古代起便重视赈灾和治吏的结合。如今，也同样需要继续完善法律机制，进一步健全对救灾物资的监督机制，加强对赈灾过程中官员的监管力度。

其四，宣传、普及救灾常识，提高人民的救灾抗灾的意识与能力。应采用多种方式大力宣传、普及防灾的基本知识，增强人民对灾害的预防和抗灾意识。

第五部分

民意采集与舆论传播

中国古代舆情管理制度建设的启示

在中国古代，历朝历代没有建立起如现在一样的舆情汇集、分析、反馈、评估等一套系统的舆情管理制度，但是社情民意是备受统治阶层重视的，民本思想更是延续于整个封建社会。《尚书·泰誓中》中"天视自我民视，天听自我民听"，可以说是最早明确提出要重视民意的记载。此后以孔孟为代表的儒家学者将民本思想发展成为一个独立的价值体系，"本"即是"根基"的意思。孔子在《论语》中提到的"仁爱"，孟子的"民贵君轻"，而唐朝李世民的"水可载舟亦可覆舟"，更是成为后世君王治理国家必须遵循的铁律。因此，通过官方或者非官方的渠道收集民意，了解民众情绪，同样是古代政府治国理政的重要工作。

清代著名的文学家、思想家对古代舆情的获取渠道给予了系统总结，如彻膳宰、进膳旌、诽谤木、敢谏鼓、师箴、瞍赋、百工谏、庶人传语、士传言、遒人以木铎徇于路、登记歌谣、审议诅祝、查访谤议、太学之子上书、召见耆老等，都是收集民意、化解误解、安抚社会、稳定人心，保障政权延续的舆情管理制度安排。

一、舆情收集制度

（一）采诗观风

"风"即"风诗"。《毛诗序》云："上以风化下，下以风刺上，主文而谲谏。言之者无罪，闻之者足以戒。故曰风。"意思是说，"风诗"具有反映舆论的政治谏议功能，统治者应该对这种舆论、讽谏采取宽容的态度。据考证，采风观诗这一传统可以追溯到上古时代。也因其独特的政治功能与价值，而得以在后来历朝历代中得到保持和发展。左丘明在其所著的《左传》中记载，春秋时期，每年的春秋季节，皇帝都要指派官员到乡下采集歌谣和民谣，并成为一种惯例。那时有一种职务相当于邮差的"遒人"，他们在每年开春第一个月到乡下巡回，并且向上汇报收集到的情况。

出于维护国家稳定的目的，历朝历代的君王都会派专门的官员走访民间，收集流行于坊间的百姓歌谣，了解四方的风俗民情。但采诗观风作为一种制度，最早形成于西周时期。周王室设有不同的采诗官：太师主管全国的采诗工作，而负责各诸侯国诗歌采集的则被称为"行人"。《礼记·王制》中也记载，"命大师陈诗，以观民风。命市纳贾，以观民之所好恶，志淫好辟"。这说明古代天子巡狩的主要活动之一就是派官员巡察采诗，并不是只外出游玩。巡察采诗之政治功能就是以观风俗，审善恶，察民情，了解民众的好恶，知得失，自考正。

作为公众批判的一种载体，诗歌、民谣成为百姓讽刺当朝统治者直接而隐讳的途径，特别是有关政治评论的民谣或讽刺诗歌。由孔子编定、被称为中国最早的诗歌总集的《诗经》中，也包含了大量的讽刺诗。老百姓对苛捐杂税、繁重劳役等的不满与愤怒，没有发泄的渠道与出口，所以只能通过诗歌这种间接的方式来表达内心的强烈控诉。如诗篇《七月》，不仅描述了不同季节的农家生活，其中也蕴含着对统治阶级强烈不满的情绪。这种借诗讽今的表达传统自此一直延续下来。到了唐代，出现了杜甫等一批现实主义诗人，针砭时弊、控诉昏庸政府的压迫与无能、表达对国破家亡的伤感构成了他们文学作品的主要内容。

1936 年，林语堂在他的《中国新闻舆论史》一书中指出："中国人民之所以成为其政府的主要批评者，是因为对大多数官员而言，他们始终是持续而坚定的讽刺者——这个事实经常在人民对其统治阶层表面的驯服下被掩盖起来。没有任何审查制度或者独裁统治能够真正阻止人民内心对于政府的批评。民谣和讽刺诗的兴起与此有着密切的关系。中国人民总是对政府进行思考，而当他们对其统治者进行思考的时候，他们会情不自禁地对统治者进行批判。"

（二）谏议制度

谏议对君主有一定匡正作用。春秋战国诸侯兼并，求谏纳谏关系到治国安邦甚至国家兴衰，各国竞相招贤纳谏，谏议并不限于专掌谏议之责的官员。但总的来说，履行谏议职能的主要是御史与监察官。御史即由朝廷委任或委派，主要职能是通过明察暗访，纠察中央大员和地方官吏，接受知情者举报、冤情上诉等，并直接对君主负责。秦始皇统一六国之后，一个空前集权的封建国家开始建立。为了对国家实行有效的管理，对庞大官僚机构加强控制、管理和协调，更好地处理统治阶层与被统治阶层的关系，秦朝御史监察和以谏（议）大夫为主的谏官谏议随着专制集权制度的确立而制度化。自秦汉至明清，御史由所属机构多变动、仍身兼他任的监察官体制，逐步发展成机构完全独立、直属皇帝、有专司监察的官员，最终发展成为机构空前扩大、官员数倍于前且兼察谏于一身的监察官模式。

御史制度是上对下的监察纠禁，谏官制度是下对上的匡正建议，二者相辅相成，共同起着巩固封建统治的作用。

（三）报纸与舆论控制

在唐代相对宽松的舆论环境中，我国最早的报纸《开元杂报》诞生。唐末散文家孙樵的《读"开元杂报"》比较有代表性，内容主要是关于朝廷政事的记录，形式上是手写传抄（当然，以现代报纸的标准来看，其远非真正意义上的报纸）。随着宋代经济社会的发展，被称为"朝报""邸报""报状""进奏院状报"的官报出现，并取得较快发展，诏令奏传报和官报制度也随之建立起来了。虽然阅读范围逐步扩大，但由于赵氏王朝严格的舆论控制，此时的报纸内容受到了很大的限制，也因此催生了宋代民间小报的诞生。但"小纸书之，飞报远近""肆毁时政，摇动众情，传惑天下"，以至于为政府明令禁止。但因其内容充实丰富而屡禁不止，甚至长盛不衰。明朝时期，言论限制特别严厉，监督性的舆论更是鲜有发表。严酷的厂卫制度，使得整个社会风声鹤唳。也就是在这样一个专制独裁的社会下，报纸上不仅出现了一些揭露某些官员违法乱纪的报道，也反映了老百姓以暴力行为反抗政府横征暴敛的事迹，甚至出现了批评皇帝不当言行的文章。这些社会新闻、突发事件的报道，在一定程度上拓展了舆论监督的内涵和外延。

明朝的官报仍习惯性地被称为邸报，基本上都由主管监察的都察院的"言官"们负责。

清朝的官报基本沿袭了明朝的制度，但对社会舆论的控制更为严格，从康、雍、乾三朝的文字狱可见一斑。因此，那个时候的提塘报房出版的小报、民间报房出版的京报、地方出版的辕门抄，内容上与官报没什么差别，内容中规中矩，舆论监督性的文字更是少见。

清朝后期，清政府在经历了鸦片战争、中法战争、甲午海战、八国联军侵华等一些重创之后，中国真正到了国破家亡的生死关口。在这样的现实背景下，"中国早期的资产阶级的发展要求与封建统治、外国殖民势力压迫的冲突，催生了'舆论监督'的近代意义的生成"。随着国人办报高潮的兴起，文人办报成为主流。同时，这些文人报刊也成为文人论政的重要舆论阵地。如以康有为、梁启超为代表的维新派，他们以报刊为阵地、以新闻舆论为武器，"论政而不参政""以文章报国""为民请命""代民众立言"，对中国的腐朽黑暗统治、帝国主义侵略、老百姓遭遇的贫苦等进行了无情的口诛笔伐。特别是被称为"舆论界骄子"

的梁启超先生，最早对报刊的舆论监督意义给予了详细的论述。在 1902年 10 月，刊载在《新民丛报》第十七号上的《敬告我同业诸君》一文中，梁启超先生写道："某以为报馆有两个天职：一曰对于政府而为其监督者，二曰对于国民而为其向导者。"他认为，报纸只有代表多数人意见，"健全舆论"，才能运用舆论来监督政府。在舆论监督流程中，国民雇佣政府，报馆代表国民监督政府，报馆实行舆论监督，方能履行自己的职责。国民实际上是舆论监督的权利主体，报馆是反映国民意愿来实施舆论监督的媒介。用报纸实施监督阐释了新闻媒介具有的舆论监督和引导舆论的两个功能。

（四）官员巡查

历届政府派遣专门的官员巡行地方，深入民间，探访民瘼，了解社会舆情，使天子"不出牖户"而治天下。

二、古代舆情表达制度

（一）谏鼓制度

谏鼓是中国古代舆情表达最为古老的一种形态。相传尧帝曾设鼓于庭堂，使民击之进谏，称为"敢谏鼓"；舜帝时期，设木在道旁，使人书之以谏言，称为"诽谤木"。后来，各朝各代都在朝堂外悬大鼓，臣民有进谏之言或冤抑之情，皆可挝鼓上闻。北宋时期，为便于文史官员及士民章奏表疏，专门设立"登闻鼓院"及"登闻检院"，凡事关朝政得失、公私利害、军事机密、理学冤案及奇方异术等，无成例通进者，均陈书登闻鼓院，如果遭到拒绝，可再投登闻检院。清朝时期，在都察院设置"登闻鼓厅"，职能与北宋相似。

（二）吏民上书

作为社会舆情信息获取的一种重要的渠道，吏民上书言事，或为国家得失，或为政策政令引发的民怨，或为执政者言行不当。因此吏民上书最根本的目的是劝谏执政者。据史书记载，由于社会风气开放，国家广开言路，吏民上书制度在两汉时期发展到顶峰。

吏民不分职务高低、身份贵贱都可直接上书皇帝，检举其行为，对社会不公平表达个人意见。"四方士多上书言得失，自眩鬻者数千数""上书言事，交错道路"描述了当时民众踊跃参与的情形。到了东汉时期，甚至出现了令朝廷忍无可忍的情况。毕竟上书之事多为个人行为，内容上也多是以政事为主。尽管个人的意见并不能代表一时的社会舆情，但如果一段时间内，上书的内容均是围绕某一社会问题、社会现象，那就足以说明社会上已经形成关于这一问题的集体表达意见。因此，执政者通过吏民上书，可以了解到底层社会最根本、最原始的民众情绪及意见。

（三）朝议制度

在封建时期，皇帝是否准时、按例上朝，接受百官朝见和处理政务是衡量一个帝王是否勤政爱民的重要标准。明朝万历皇帝，20年不朝，不仅为当时的文武百官所不满，更是被后世挂上"昏庸之帝"的称号。所谓上朝，即臣子到朝廷觐见君王，奏事议政。在朝堂上，百官可就其中有争议的话题当朝议论。但有些时候，一些社会议题并不会在朝堂被提出，皇帝召见一定范围内的官员，如"九卿会议""王公大臣会议"展开讨论，目的在于"询访公卿，广求群议，令上应天心，下合众望"。朝议制度确实在一定程度上起到反映民情、言政议政的作用，但由于各朝各代最高统治者对民意、对社会治理的认识不同，朝议的效果也就不尽相同。如东汉后期外戚专权，明后期宦官把持朝政，整个社会被弄得乌烟瘴气、动乱不堪、民不聊生，也因此爆发了大范围内的黄巾起义、李自成起义等农民运动。

（四）清议制度

张文英在其著作《中国古代舆情表达方式探析》中说，清议是中国传统社会一种独特的文化现象，是士人主动自觉地参与政治，通过反映当时世情民心的社会舆论，表达对官员或时政的政治评判，进而谋求对政治的影响。作为一种表达形式，清议制度可以追溯到春秋战国时期的百家争鸣。中国历史上有三次较大的清议运动，分别是东汉末年的太学生运动、南宋末年太学生等主战派的清议运动以及明朝末年的东林清议，以学者为代表的舆论团体就外戚干政、外敌入侵、国家腐败等问题，与利益代表集团之间展开争斗，从口头的抨击开始，到后来已经发展成为激烈的争斗。宦官不可避免地诉诸囚禁、处死和流放等刑罚措施企图彻底阻止学者们的攻击，学者们则自觉地团结起来，匡本正源，而且从不言败。

士人作为国家官吏的后备军，参政议政成为他们的重要诉求，而士人之所以能团结起来，形成强大的舆论团体，还在于乡校、书院为这种自由讨论提供了重要的场所。对于学校这种养士议政的功能，清朝黄宗羲在其《明夷待访录》中阐释道："养士为学校之一事，而学校不仅为养士而设也，天子之所是未必是，天子之所非未必非，天子亦遂不敢自以为是，而公其非是于学校。"

由于远离政治权力中心，士人的清议并不能产生如同今日新闻媒体的强大的舆论监督功能，或者说这种功能发挥的效果并不理想。在君主高度集权的封建时代，国家的治理取决于皇帝一人，而皇帝能否听取谏言，社会风气是否开明，决定了清议制度的最终效果。由于表达人民声音和意见的法治的缺失，漠视政治和国家事务一度成为明哲保身的学者们的一种普遍的态度。

在中国古代，舆情起到了舆论监督的功能。谏诤制度匡正君失，清议、谣谚评价政治事件、现象及人物等，这在一定程度上起到了限制君权及澄清吏治的作用。同时，这些意见表达也发挥了社会减压阀的功能，清议、谣谚之类的舆论能够宣泄、疏导群众的情绪，发出预警信号，成为古代专制社会内部自我调节的一种缓冲机制。此外，清议、谣谚等也成为考察吏治的重要依据。然而，在言论自由不受宪法和法律保护的君主专制制度之下，舆情很少能达成共识并影响最终的决策。

"为川者决之使导，为民者宣之使言"——在建设和谐社会的过程中，应充分保护民众的言论自由和结社自由的权利，建立更广泛的制度性的民意表达途径，充分发挥新媒体的舆论表达和监督功能，广开言路，使意见表达的渠道更为畅通，使公众舆论的社会监督作用落到实处。

古代公文制作制度

我国历史上形成了许多行之有效的文书工作制度，有的制度一直沿用至今。那么这些公文制作所遵守的规则是怎样的，管理者又是怎样保证公文质量的呢？希望在下文中我们可以探索总结出适合当代公文写作的方法，为提高我国的政务工作效率另辟蹊径。

一、古代公文内容的撰写

这里节选刘长悦关于古代公文写作的三个观点进行阐述，即繁与简、详与略、概括与具体。

（一）古代公文的"繁"与"简"

公文是推行政令、进行管理的工具，为确保公文行政效能的实现，此类型写作撰制应以实用为主，从内容上来说要求实用性，就是要根据具体的情况来阐述具体的意见；从文风上来说讲究"简朴晓畅"，要文从字顺、语句通畅，而不必刻意追求形式新颖、辞藻华美。

古代的奏、议、章、表等属于上行公文，一般是给皇帝看的陈述或建议。所以写作者就会在公文中采用大段铺陈描写、充盈着澎湃情感的语句、丰富而华美的辞藻等来讨得皇帝欢心或重视。适当地追求结构、辞采、文句，可以增强公文的表述效果，但是不能过于推崇。子曰："文

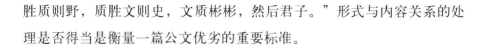

胜质则野，质胜文则史，文质彬彬，然后君子。"形式与内容关系的处理是否得当是衡量一篇公文优劣的重要标准。

（二）古代公文的"详"与"略"

说到古代公文的"详"与"略"，首先要将其与前面所提到公文中"繁"和"简"的关系区分开，后者主要侧重于公文内容和形式如何统一；而这里的"详"与"略"主要侧重于公文用语的字句多与寡、篇幅短与长的关系。

（三）古代公文的"概括"与"具体"

公文最讲究实用，通过叙述来表明事理的过程中，往往采用"概括"的方法，用明确又简洁的文字将事情原委表述出来，给阅读者清晰、明确的印象。而古代公文的概括性并不排除其具体性，这里的"具体"说的是对细节的解释或者补充，以避免阅读者理解不清。这种"具体"也表现在公文某些特定的用途上，而在此类情况下，"概括"与"具体"能够以一种合适的方式存在并相得益彰。

二、古代公文的单一目的性和等级性特点

（一）公文的单一目的性

公文的单一目的性主要表现在请示类公文的一文一事制度上。也就是一件公文只陈述一件事，不同的事不得混杂在一件公文中。这种做法大约在魏晋南北朝时期出现，在唐朝广泛应用，而见诸典籍记载的成文制度是在宋朝。南宋《庆元条法事类·卷十六·文书门》规定："谏奏公事，皆直述事状，若名件不同，应分送所属，而非一宗事者，不得同为一状。"

（二）公文的等级性

古代公文有很多种，如皇帝对臣下的公文、臣对君主的公文、平行公文等，每一类别都有固定的名称。

1. 皇帝对臣下的公文

皇帝对臣下的公文有训、策、制、敕等。例如敕，含有饬、戒的意思。使臣下自觉警饬，在政事上不敢怠惰。顾炎武《金石文字记》中写道："敕者，自上命下之辞。"汉制，天子命令有四，其四曰戒书，就是戒敕。汉朝新太守上任，皇帝都敕书或相戒约，也用于谕诰外藩及京外官员。汉朝官长对下属，祖、父对子孙也都可以用敕，如《韦贤敕弘自免太常》《丙吉教敕乳母》《王尊教敕功曹》等。到了南北朝以后，敕只限于朝廷使用。

2. 臣对君主的公文

臣对君主的公文有章、表、奏、议等。如"上书"，战国以前臣下奏谏陈词，都用上书的名称。古代"言笔未分"之时，不分君臣，互相来往都用书，秦虽改书为奏，但仍然有人用书。唐朝偶尔用"书"作为外交文书的一种，唐朝以后则很少使用。

3. 平行公文

平行公文有书、记、函、咨等。如"移书"，春秋时的官吏通书函往来，称为遗书，又称为贻书，后转作移书，如汉刘歆移书让太常博士。魏晋时期以后称为移，唐朝用于诸司自相质问，名称不一。清朝用于武营往来和州、县交涉公事。

每一类公文的行文格式，也有一定的模板，如臣对君，开头常用："臣××言""臣闻"；结尾常用："不胜管窥愿效之至，谨冒陈以闻""谨奏""不知所云"等，后来发展到"谨斋沐裁书，昧死百拜""诚惶诚恐，死罪死罪"。

从积极方面来说，公文的等级性可以区分行文关系，避免公文行文中的混乱现象，有助于政务、事务的处理；保证了公文的权威性和严肃性。从消极方面来说，它是公文程式化、模式化的主要原因。所以我们对古代公文应该批判学习。

三、古代公文的管理

唐宋时期，统治者非常重视公文制作的准确性。唐朝规定书写公文不得脱剥文字，或出现写错字的现象，更不能私自改动辞句，否则要视情节轻重给予处分。到了宋朝，规定如遇公文必须改动，须在改动处加盖印章，这就大大提高了公文的准确性。唐宋时期还建立了公文编号制，便于收文机关查对和管理。

明朝初期承袭元制，之后朱元璋为加强中央集权，裁撤了中书省，改设中书科，置中书舍人。明朝的中书舍人品级很低，职权较小，仅仅负责缮写各种诰敕文书的事情。宫廷中另设诰敕房和制敕房。诰敕房又称东诰敕房，掌管办理文官诰敕和外国文书等事宜。制敕房又称西诰敕房，掌管制、诰、诏、册等一些重要机密文书。明朝还设通政使司为中央机关的总收文机关，负责接收内外奏章、敷奏、封驳等文书。通政使司是全国各种衙门向皇帝呈报公文的总枢纽。明朝部院等中央衙门都设有司务厅，专管文件的收发和催办。地方各级官府也有经历、典史、主簿等吏员负责承办各种文函。明朝皇帝下行分文的种类和名称与前代大体相同。臣僚上奏文收增添了"题"和"揭贴"。"题"又称"题本"，为明朝"奏本"，主要用于应循例奏报、奏贺、认罪、陈情、申诉等项例行公事。把"题本"与"奏本"区别开来，对迅速处理"急切机务"有重要作用。"揭贴"专用于密奏和奉旨对答之事。

虽然说现代汉语早已取代了文言表达在写作过程中的主导应用，但是古代作者在公文构造上所体现出来的诸如讲根源、重依据，增强文章说服力；明做法，细操作，彰显文章实用性；讲心理，渲情感，强化文章接受性等称得上群体性的思维模式仍然值得现代公文写作者深入探讨并借鉴使用。

古代报纸的称谓及管理

我国有着源远流长的文化历史以及丰富的信息传播方式，其中，中国类似于如今纸质报纸的媒介已发展流传一千多年。作为中国几十年来使用最为广泛的信息传播媒介，哪怕如今进入大数据时代，报纸也在社会中占有重要的地位。

古代报纸的主要用途是刊载官方文件以及宫廷消息，分为两种，官报和小报，它们的出现是社会发展到一定阶段的产物，虽成长过程不同，也有细微差别，但从某种意义上说，它们同处于封建社会大环境中，有共同的促进要素，并且它们的发展都昭示着古代传媒从无序到有序的发展，给人一种从混沌到清朗的感觉。所以从这两种报纸的称谓、内容等宏观方面对其进行阐述，更有利于我们对古代报纸的整体把握。

古代中国长期处于以小农经济为主要生产方式的封建专制制度，士农工商阶层中，农民占绝大多数。而报纸主要由文字书写而成，所以在古代多流传于官员和知识分子阶层。

一、官报是古代政府发布新闻信息的
最主要形式

戈公振先生 1927 年在《中国进化之概观》中说："自报纸历史上言之，邸报之产生，为政治上之一种需要。"这句话表达了官报出现的原因。官报作为封建统治阶级的喉舌和御用的宣传工具带有鲜明的政治色彩。我国古代官报通称为邸报，有时也叫"朝报""杂报""阁钞""进奏院状报""状""京报"等。

（一）邸报是我国最早的报纸

邸报的主要内容为皇帝谕旨、谕书，朝廷的法令、公报、臣僚的奏章和官吏任免、奖罚情况等官方文书。"邸"是朝觐京师的官员在京的住所，后来作为地方官员驻京的办事机构，是地方和中央之间沟通信息、传播信息的联络机构。

官报被概称为"邸报"，始见于宋代，《宋史·韩琦传》中"顷接邸报"。此后，"邸报"从官方文书中分离出来，成为官方传播政事信息的重要载体。宋朝的邸报是唐代朝廷官报和藩镇情报的统一体。到了宋朝末年，开始流行"朝报"这一名称。

在宋朝官报中，邸报的内容主要有朝廷政事设施、号令、赏罚、书诏、章表、辞见、差除、朝谢、注拟等几项。邸报的内容丰富却也存在一定的限制。赵宋王室将官报收归中央，其目的在于控制新闻发布权，有助于中央政令的贯彻和行政上的统一。所以宋朝官报由中枢部门统一管理、审定、发行到中央各个机关和各地方军政单位，每五日或十日编辑发行一次，对于它的管理，宋朝还实行了"定本"制度。宋真宗咸平二年（999年）对官报的发行开始实施了"定本"制度，所谓"定本"就是由进奏院将所要传播的内容编好，五日一次上报枢密院，由枢密院审查，审查通过的版本称为"定本"，进奏院以审查通过的样本作为标准本，传之各地。"进奏院所供报状每五日一写，上枢密院定本供报。"由此也就限制了邸报的报道范围，一些如灾异、军情（如兵变、农民起义）、朝廷要事、未经批准公布的臣僚章疏等常常未见传播，群众无从知晓。如："江淮军频有奏报，朝廷不欲人知，召进奏官等于枢密院，责状不令露泄，指挥甚严"；"神

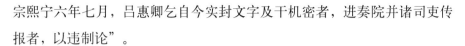

宗熙宁六年七月，吕惠卿乞自今实封文字及干机密者，进奏院并诸司吏传报者，以违制论"。

"定本"制度加强了宋朝对邸报的控制，迫使进奏官们只能按照当权者的意愿进行传播活动，其传播报道的范围大为受限，这也为小报的活跃提供了一定的客观条件。

历代文献中，有关元朝报纸的记载甚少，以至于有观点说从唐朝开始的邸报制度发展至元朝而中断。

明朝建国后，恢复了朝廷官报，一般被称为"邸报"，有时也称为"邸钞"。明朝的官报与之前的朝代有所不同，它不设进奏院，而是由中枢部门统一安排发布、抄传工作，由通政司、六科、提塘三个部门负责其中环节：通政司汇集各类题奏和地方上报的信息，被朝野人士称为是"朝廷的喉舌"；六科收集和发布有关的诏令和题奏；提塘将这些诏令和题奏从六科抄出，经过筛选和复制，传发到省，再传到府县，通过辗转抄录，在各级官员中传阅。

清代朝廷官报称为"邸钞"，有时称为"京钞"、"阁钞"或"科钞"。

（二）"状""报状"是对唐代官报的称呼

"状""报状"是进奏院报状的一种简称。但又不仅仅指进奏院报状，它还指牒报和录报，只要是带有报告性质的官文书，不管是上行还是下移，均称为"报状"。

（三）除目是除授官吏的文书

除目主要内容是记载官吏升迁和贬谪，又称"推升朝报"，它和皇室动态、朝政大事同为邸报的主要内容。

二、小报的起源

"小报"始现于北宋中后期，盛行于南宋，也有"小本"、"小钞"或"报条"等别称。小报的内容十分复杂，有官方提供的政治、经济、军事事件，也有社会上新鲜有趣的传闻，甚至还有"撰造命令，妄传事端"的假新闻，还出现了类似于现在的时评性质的评论等。从业者包括信息采集的、抄录的、零售的、送报的等，人员众多且获取新闻的手段多样。

宋理宗端平三年（1236年），有官员上奏疏，具言小报采编人员的无孔不入："所谓内探、省探、衙探之类，皆私衷小报，率有漏泄之禁，故隐而号之曰新闻。"

宋朝还有一个专门从事类似于爆料者角色的特殊信息采集队伍，人称"喜虫儿"。据《梦粱录》记载，"喜虫儿"都是百司衙兵，负责科举考试揭榜或发榜，有一定的新闻来源渠道。他们近水楼台，有一定的获取渠道，靠出售小报所需要的信息获取一定的收入。

小报是我国历史上最早的民办报纸，是对封建官报的补充，满足了一部分知识分子对信息的需求。宋朝以后，小报并未绝迹，明、清两朝时有出现。小报的发行，触犯了讨论朝政之禁和泄露信息之禁，所以小报自诞生之日起就一直受到官方的镇压和禁止。宋朝统治者为了查禁小报，曾多次降旨和下诏令。如宋仁宗天圣九年（1031年）发布一条谕旨："诏：如闻诸路进奏官报状之外，别录单状，三司开封府在京诸司亦有探报，妄传除改，至惑中外。自今听人告捉勘罪决停。"孝宗淳熙十六年（1189年）闰五月二十日规定，"今后有私撰小报，唱说事端，许认告首，赏钱三百贯文，犯人编管五百里"。

此外，宋朝为了加强舆论控制，减缓官报压力，就曾严肃过内部纪律。如乾道六年（1170年），对泄露信息以牟利的进奏院官员刘资和冯时，各杖一百，以示惩戒。

　　由于政治动荡、经济文化的发展、利益的驱动、主要读者群体——"士"阶层的空前壮大和宋代雕版印刷的普及和鼎盛等原因，比官报内容丰富、时效更强且更易大批量复制的"小报"面对朝廷的大力查禁仍绵延不绝。其中原因也不乏"小报"逐渐专业化。所以，学者称"小报"在宋朝这个特殊的朝代出现，是各种矛盾日趋激化、多层人物空前活跃的产物。

　　报纸归根结底是大众精神世界的产物，是人民大众对现实社会客观或主观的内在反映。无论是时事类、教育类、文艺类或是其他种类的报纸，都会在一定程度上反映当时社会的政治、经济、文化水平。当然，一份好的报纸一定要起到正面的教化民众的作用，并正确引导社会舆论。

浅谈古代谣谚的主要类型和作用

谣谚是某一历史时期人们对当时社会历史状况的真实写照和真切感受，同时也是社会心理的直接反映。在中国古代漫长的社会发展过程中，逐渐形成的社会心理特征和民族性格特点是民族凝聚力的重要组成部分。这些社会心理特征和性格特点在历史文献中往往难以查考，但在人们口耳相传的谣谚中却得到了最大限度的留存。从民俗学的角度对中国古代谣谚进行整理和分析，有助于廓清社会心理的发展脉络，对社会思想史的研究也是有益的补充。

一、什么是谣谚

谣谚传播是口头传播的一种重要而特殊的形式。谣，即不配乐的口头歌唱，《诗经·魏风·园有桃》之"毛传"曰："曲合乐曰'歌'，徒歌曰'谣。'"谚，即广为流传的熟语、俗语，许慎《说文解字》云："'谚'，传言也。"《古谣谚·凡例》："谚训传言，言者直言之谓，直言及径言，径言即捷言也。"语言学专家温端政则定义谚语为"在群众口语中广泛流传并世代口耳相传的通俗而简练的语言单位，相当于俗语"。

谣具有歌的特性，谚具有话的特性；谣表达内容复杂，因而略长，谚表达内容简明，因而略短。从这里可以看出，谣谚之间还是有形式和内容上的差异的。不过之所以二者可以合称，就是因为它们具有一定的共性，即在形式上或因押韵而朗朗上口，或因对仗而便于传诵，在内容上多反映一种比较深刻的道理，具有一定的思想性，这也是它们能长期传承的重要原因。

诗歌与谣谚的关系密切，谣谚中的"谣"可以说是诗歌的雏形，和诗歌不同，谣具有明确的口语性，而诗歌更依赖文字传播，谣谚与诗歌在流传的过程中，彼此交叉吸收，相互渗透影响。

谣谚与成语也有明显的区别，虽然二者都属于熟语范畴，有着流行广、普及度高的特点，而且都有固定的格式，但成语是固定词组，谣谚是流行的通俗语句，一个是词语、一个是句子，二者在形式上就截然不同。有部分谣谚还来源于成语故事，也有成语是对谣谚的高度总结，如"城门失火，殃及池鱼"是大众熟知的成语，但因其通俗易懂被群众广泛运用于日常生活中，《广韵》就把它列为"谚"。又如"貂不足，狗尾续"是说西晋时期八王之乱，赵王司马伦密谋僭位，分封官爵时官帽上的貂尾装饰不够用，遂用狗尾代替，由此衍生为成语"狗尾续貂"。

古谚说："百里不同风，千里不同俗。"人们的社会心理具有地域性特征。阮籍在其《乐论》中说："楚越之风好勇，故其俗轻死。"另据《汉书·地理志》记载楚地民间还有"信巫鬼，重淫祀"的风俗。而关中地区民风又有差别，《史记·货殖列传》中把关中秦人因多从事商业活动而沾染的重利轻义的社会风气表现得淋漓尽致。而邹、鲁两地则是民风淳朴、讲究礼仪，《史记·货殖列传》中称这两地的民风为"俭啬，畏罪远邪"。

除史书的记载以外，古代谣谚对各地人民社会心理的差异也有反映。如：蜀地有表现当地民风的谣谚为"阳雀叫，鹈鴃央。商山四皓，不如淮阳一老"；楚地也有民谣说"牵牛径入田，田主夺之牛"。

这些社会心理上的地区差异，反映了不同地域范围内的社会风尚，是当地民风民俗的一种社会性趋向，蕴含着人们的追求和价值取向，显示出特定时代与特定地域的精神风貌。

二、谣谚的内容

从文献记载中可以看出谣谚或有对舆论意见的表达、描述，或二者兼顾，比如汉朝时就有时政谣谚、经济谣谚、哲理谣谚等，但因历史长河中谣谚的内容宽泛，意蕴深远，单一的分类标准并不能全面地展示所有谣谚，所以本文对一般谣谚和特殊谣谚这两种类型进行简要说明。

（一）一般谣谚

一般谣谚主要是反映或评价农事活动、气象占验、地方风土以及各种社会生活经验等。如《吴越春秋·勾践阴谋外传》所载《弹歌》"断竹，续竹，飞土，逐宍（肉）"，记录了先民制造弹弓、追赶飞禽走兽的狩猎生活片段；《帝王世纪》所载《击壤歌》则表现了先民"日出而作，日入而息，凿井而饮，耕田而食"的理想；载于《尚书·大传》中的《卿云歌》表达了歌颂日月、崇拜自然的朴素感情。

（二）特殊谣谚

以政治谣谚为例，它是关于对社会某些公共事务和突出问题的舆论和评价，它反映的是普通民众（指那些无法通过官方途径来表达意见、参与政治的社会成员）的共同社会评价，其内容往往与社会政治生活中的许多"热点""焦点"问题密切相关，蕴含着民间的共同意见、共同认知和共同愿望，是这部分社会成员普遍性、公开性的社会评价，如《尚书·汤誓》中记载的一则谣谚："时日曷丧，予及汝皆亡。"夏桀的暴政招致民愤滔天，这则谣谚表达出民众对夏桀的怨恚仇恨，流传甚广，以至于后来这一歌谣还成了商伐桀的借口与檄文，也是社会舆论的重要组成部分。而且这些政

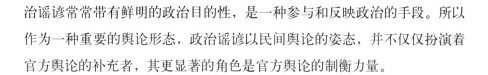

治谣谚常常带有鲜明的政治目的性，是一种参与和反映政治的手段。所以作为一种重要的舆论形态，政治谣谚以民间舆论的姿态，并不仅仅扮演着官方舆论的补充者，其更显著的角色是官方舆论的制衡力量。

三、谣谚的作用

因为古代民众的教育水平大部分较低，迷信思想非常普遍，所以很容易接受口耳相传的谣谚所传播的内容。因此，一方面，民众想借助颂谣、怨谣等以歌功颂德、臧否人物、针砭时政，或对国家命运、事件情势作出预测；另一方面，官府并未一味地打压或消除谣谚，而是通过各类谣谚来洞察民情，济安黎民，整饬风化，匡正时弊。所以谣谚在表达民意、道德评判、舆论监督中发挥着重要的作用。

（一）针砭时弊、反馈民意

这一类的谣谚多为政治类谣谚，集中了民众对皇室、官员以及政治制度的意见、观点、态度，如《后汉书·五行志》记载的"直如弦，死道边。曲如钩，反封侯"。此谣谚直刺宦官专权的腐败朝政，十分具有代表性。对此，统治者通过"举谣谚"的方式了解民情，并将谣谚作为官员的考察项目之一，起到监督官员、治理官员的效果，同时也会带来官员凭借谣谚谄上媚下、歌颂功德的不良影响。

（二）预言暗示、煽动舆论

除了上述时弊型谣谚，还有一种谣谚十分神秘，那就是谶语预言型谣谚。如《古谣谚》记载，东汉末年董卓蛮横专权，当时的京师就有童谣传唱"千里草，何青青，十日卜，不得生"，以隐语的形式暗示了董卓的下场；《古今风谣拾遗》记载，元末红巾军起义之前，广泛流传着这样一首歌谣"天雨线，民起怨，中原地，事必变"。类似这种带有策反性、煽动性的政治谣谚，往往出现在改朝换代的前夕，它既有百姓对统治阶级的切齿仇恨，又是农民起义军揭竿前预谋并借助的谶语。虽然具有深厚的神秘色彩，却同时也朴实地反映了民意向背。

相对来看，基于"家—国"的宗法伦理关系对古代社会制度的影响，谣谚往往会表现出过于关注个体而轻视公共利益的特征，且某些谣谚在传播过程中，言辞偏激，蛊惑人心，诬罔视听，甚而成为政治斗争的工具和引发社会动乱的祸源。

（三）记事抒情、民间良史

《孟子》书中有言："王者之迹熄而诗亡，诗亡然后《春秋》作。"从某种角度上来说，"诗（谣谚）"是"史"的前身，承担着民间史的流传与表达，是正史的重要补充。比如有些没有资格被记入正史的故事，便是借助谣谚传播至今。

中国古代的"民意上传"

我国古代的"民意上传"和现代的"两会"制度相似。"民意上传"在政治体制自古相对比较完善的中国早就已经有了。那么，古代的议事形式如何，官员们是如何表达民意的呢？除了议事制度还有哪些其他的民意上传方式？

一、上古先贤重视民意的证据及具体方法

民为邦本，顺民意、得民心才能安民，保证天下太平、长治久安，这是自古以来统治者就必须关心的重要问题。

重民思想在我国历史悠久，相传大禹曾明确提出不要违背民意，"罔违道以干百姓之誉，罔咈百姓以从己之欲"（《尚书·大禹谟》）。到了商周两代，重民思想日益鲜明、突出，并与"敬天"观念并行，如"天视自我民视，天听自我民听"（《尚书·泰誓中》）、"夫民，神之主也，是以圣王先成民而后致于神"（《左传·桓公元年》）、"务民之义，敬鬼神而远之，可谓知矣"（《论语·雍也》）等所传达的观念。春秋时期中华先贤们已经了解，民不再是与神并列的力量，相反只有"去鬼神"并"爱民保民"，国家才能兴盛。战国时期，"百家争鸣"的局面达到巅峰，儒、法、墨等最为显学的思想都具备"重民"因素，分别可以以"政之所行，在顺民心；政之所废，在逆民心"（《管子·牧民》）、"下原察百姓耳

目之实"（《墨子·尚同中》）、"乐民之乐者，民亦乐其乐；忧民之忧者，民亦忧其忧。乐以天下，忧以天下，然而不王者，未之有也"（《孟子·梁惠王》）等论述作为例证。

二、统治者采集民意的方式

与以上"民本思想"同步发展，先秦统治者听取或采集民意的方式也渐渐发展起来。主要有以下几种实现形式：

（一）巡察制度

巡察分为天子亲巡和派员代巡，前者称巡狩，后者称巡抚。《礼记·王制》有"天子五年一巡守（通'狩'）"的规定，并具体对方向有了要求——农历二月向东、五月向南、八月向西、冬月（十一月）向北。其主要目的在于"命大师陈诗，以观民风。命市纳贾，以观民之所好恶，志淫好辟"。这句话中的"陈诗"就是指派出专门的"采风使"记录民歌民谣，看看老百姓的生活，然后有针对性地进行施政。中国第一部诗歌著作《诗经》从某种意义上说就是这个制度的产物。

（二）咨询制度

访善咨亲是我国古代听取臣民意见的重要制度。早在五帝时期，便有"（舜帝）咨十有二牧"（《尚书·舜典》）的现象见载于后世；到春秋时期则已基本形成君主（不但包括周天子，也包括诸侯）"必咨于周"的共识。

（三）朝觐制度

自周朝起，诸侯就要"比年一小聘，三年一大聘，五年一朝"（《礼记·王

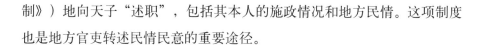

制》）地向天子"述职"，包括其本人的施政情况和地方民情。这项制度也是地方官吏转述民情民意的重要途径。

（四）直诉制度

这一制度在此前谈及"古代政府如何应对上访"的话题中有详细的介绍，"镑木"、"肺石"和"路鼓"等官方设立的直诉工具都是先秦社会传达民情的重要手段。

（五）乡校制度

该制度是民间自发的言路平台，目的就是讨论国事，大概在周朝就形成了。在《左传·襄公三十一年》中还记载着一个关于它存废的典故：春秋时期，郑国宰辅子产掌控国政时，有人建议子产将"乡校"拆毁，子产不同意，并说："何为？夫人朝夕退而游焉，以议执政之善否。其所善者，吾则行之；其所恶者，吾则改之，是吾师也，若之何毁之？我闻忠善以损怨，不闻作威以防怨。岂不遽止？然犹防川：大决所犯，伤人必多，吾不克救也；不如小决使道，不如吾闻而药之也。"显然，子产认为"乡校"的存在是听取民意的场所，作为当权者应该本着"有则改之无则加勉"的心态虚心纳谏，这种方式很有一种"润物细无声"的感染力。

二、帝制时代：听取民意的形式更加繁多

秦的统一开始了此后绵延两千余年的中华封建帝制。在这个框架下，全国政治虽然理论上由皇帝一个人"乾纲独断"，但一个人决断难免有局限性，因此早在尚未建立皇帝专制制度的先秦诸侯纷争的时期便有了"朝参"和"集议"等制度，后来帝制建立，又继承和发展了巡察、朝觐、咨询等制度，并增设"谏官"等，作为对该类制度的补充与完善。

古代的议事代表都是些什么人呢？从史料上看，主要有四类：一是"二千石"以上的驻京大臣，是官僚和利益集团的代表；二是"地方代表"，以分封在外、待遇达到一定级别的列侯为主；三是列大夫、博士、议郎这些专职谏官，这类人在政务处理方面具有优势。

另外，还会有来自基层的非贵族成为"议事代表"，这类人以饱读诗书的"贤良""文学"人士为主，表面看是来自地方和基层，但由于是郡国国主和地方富豪这类阶层推举出来的，因此实为学术界或富有私商的代表。虽然这些人的象征意义可能更加大于实际代表性，但对文化素质要求并不低，必须敢说话、善表达，有较强的能力和水平。

自汉朝起，还增设了"民意评官"的制度，被称为"乡议选士"。

《汉书·循吏传》中多次对此制度进行了记载，如朱邑由啬夫（相当于乡干部）一下子升为太守卒史；召信臣由上蔡县令直升到零陵太守，都是因为所行之政充分受到群众拥戴。反之，也有很多官员因为群众评议太差而丢官。如汉成帝时，左冯翊薛宣管辖的高陵县令杨湛和栎阳县令谢游都是极其贪婪狡猾之人，薛宣封"吏民条言"给杨湛，给他施加压力，让他主动辞职；又发公函给谢游，开门见山地说"告栎阳令，吏民言令治行烦苛"云云，语气非常不客气，于是，谢游的乌纱帽也丢了。所谓"吏民条言"，正是指群众对两个县长的批评、揭发、举报之类。薛宣一生为官都赏罚分明，威德并施，因此他本人的仕途也是步步高升，一度官至丞相。

在传播政声、增加美誉之外，还有很多情况是，群众的好评还有保官的作用。北宋真宗时，刘随任永康军判官。他兴利除弊，减轻民众力役负担，严禁政府人员借马市勒索少数民族，可以说为老百姓做了不少好事，当地群众都称其为"刘父"。但他却因为拒绝上级请托，被人冤枉，以至于官位不保。当本路监司相继来永康察访巡视时，数千少数民族群众拦马质问："我刘父何处去也"，大声喊出"还我刘父"的口号，群情激奋。本路监司再三抚慰，数千群众方才散去。监司把情况一一汇报给中央，洗雪了刘随所受的冤屈，让他官复原职。

不过，由于正面性的民意评官如此"给力"，很多时候能给当事人带来名利双收的实惠，因此在中国古代，"官秀民意"的故事也不绝于史：如唐高祖时，身为并州大都督的皇嫡子李元吉在任上胡作非为，其副手、大将宇文歆多次劝告无果后，只好向中央如实反映。中央接到消息后，将李元吉召去京师，但与此同时风声走漏，李元吉同样秘密召集百姓前去为他说好话，这个"民意代表团"赴京举留的费用甚至都由并州府财政买单。这一事例便充分说明了该项制度严重的历史局限性。

三、古代的问卷式民意调查

中国古代曾一度将民意的采集上升到了量化高度，就是进行民意调查。这一创举甚至早于具有现代意义的民主制度的雏形。

在前面提到的"乡议选士"制度，在西汉时还有配套规定：刺史巡行郡国，每到一地，必定先去官立学校，就当局施政得失等问题让学生填写问卷。然后刺史以驿站为临时办公地点，通过调阅计簿文档、分头察访寻问等途径了解情况。为防止受蒙蔽，刺史总是把会见当地长官、当面听取汇报之类行程安排在最后。如汉成帝时，朱博任冀州刺史，负责巡视常山、中山、巨鹿等十个郡国。朱博刚刚上任没多久，就在巡视途中被四五百个群众包围在某县，这些人都是来向刺史举报当地官吏的。

在正统史家眼里，两晋南北朝的政治远比两汉乏善可陈，但后世常见的一些民意评官的形态与取向，多数在这一时期出现。这一时期逐渐形成了联名具状的民意表述方式。

古代的"民意调查"还并不仅限于监督具体官吏的行政德才，对讨论国家大政方针同样具有辅助性的作用。如南宋初年官僚王之望曾经进行过一次大规模的民意调查，涉及 9 个州、37 个县、333700 余户，进行了相对细致的分析，并在这一基础上修订了税改方案。

"治国之道，必先通言路"，综观历史，历代统治者对民意民情的上传都相当重视，并留下不少纳谏利民的佳话。如前文中反映的那样，从子产到王之望，倾听民间舆论、重视民众意见的施政理念与执政实践一直在古代中国生生不息。但同样显而易见的是，由于封建专制的宏观体制，在古代中国真正想让"民意评政"得到良好发展，特别是在指摘违失、弹劾罢免方面得到突破，实现的可能性也并不高。因此以上种种历史经验仅仅是从"德政"的思路上为当代提供借鉴，而在当代意义上实现真正的"察民意、聚民心"则更加离不开的是依法治国、从严治党等更为先进的思想武器。

古代官府对"突发事件"的舆情应对

干部碰到的"突发事件",是一道"必答题"。突发事件形成与爆发的原因,以及突发事件牵涉的人和事,要想处理得令各方满意,绝对不能妄图蒙混过关。对突发事件的应对,历来就是各级官吏责无旁贷的责任,古代官员和皇帝在处理突发事件方面有什么亮点呢?

一、古代朝廷的舆情管理制度

(一)采诗官制度

这一制度在春秋战国时期开始实行,在民间采集歌谣,采听社会舆情,如《伐檀》《硕鼠》等。

(二)御史和谏官制度

自秦汉至明清,御史或谏议大夫由朝廷委任或委派,通过明察暗访,纠察中央大员和地方官吏,是独立的监察系统。谏官、谏议大夫从清客或说客中来,他们是传递社会舆情的专员,专门为君主指出失德、失政、失民心的行为。

(三)罪己诏

罪己诏最早见于《尚书》,其中《汤诰》《秦誓》里记载了君王对连年战祸、民不聊生情形的反思、自责，诏告天下百姓。《汉书·武帝纪》记载汉武帝大修宫室，好大喜功，晚年自悔，决定"弃轮台之地，而下哀痛之诏"，也就是著名的"轮台罪己诏"。罪己诏虽然是一个权术伎俩，但它的确是当时历史条件下皇帝解决和应对舆情的一个重要方式，可在一定程度上起到引导舆情的作用。

（四）击鼓鸣冤

宋朝对击鼓鸣冤建立正式制度，设置登闻鼓院，负责接受民间上诉、举告、请愿、自荐、议论军国大事等进状，成为民间与政府沟通的重要途径。《续通鉴》记载的太学生陈东等击鼓上书的案例是较著名的击鼓鸣冤案例。

（五）微服私访

微服私访是指帝王或者官吏隐蔽身份，穿上平民服装秘密出行、探访民情或巡查疑难重案。明清两代的公案小说和戏曲里，有大量微服私访的故事，如《施公案》《海公案》《龙图公案》《三侠五义》等。其中仗义为民的英雄人物流传深远。

（六）钦差制度

钦差是明清时一种临时官职，是直接受命于皇帝，代表皇帝威权，钦差大臣甚至可以先斩后奏。这是把民间舆情与皇帝的耳朵直接连接的一种理想化设计。

（七）巡查御史类特派官员制度

这类官员由中央政府御史台或都察院之类机构派出，监察地方官吏，兼顾察访社会舆情。

二、古代官府处理"突发事件"案例

北宋熙宁四年（1071 年），免役法在开封府试行。东明县在试行过程中，因执行官员欺软怕强，搞权钱交易，在确认群众"免役权"时严重不公。于是群众结伙向知县告状，可知县贾蕃拒不接受呈诉，事态就开始升级。群众聚集到开封府上访，可开封府也不受理，事态再次升级。上访群众掉头涌入王安石私宅，直接向宰相申诉。数百农民"聚众私闯"宰相家，这在当时绝对称得上"耸人听闻"！"肚里能撑船"的宰相王安石当即表态："尔等问题，定当妥当处置，务请各自回家！"群众散去后，王宰相一边严令东明县迅速、公正解决问题，一边代表朝廷依法摘下贾县令的官帽，马上实行"分割"。理由是"不受民诉，引致京师喧哗"，"处突"效果是取决于为政者能否正视并解决问题。

清朝乾隆四十五年（1780 年）五月初，正值青黄不接之际，农家普遍缺粮，连吃饭都成问题。云南省保山县县令李伟烈不顾民众再三"恳请缓征"和"借贷社仓存谷"的诉求，不仅封锁社仓不许借贷，还下令要查访民间储粮，由此引发"乡民聚众闹衙"，官民之间还产生严重肢体冲突，伤者无数。此事引起朝廷震惊。此事经云贵总督舒常以"六百里加急"奏闻朝廷。"十全老人"立即降旨：一、对李伟烈"革职严审"；二、"缓征"并开仓借贷；三、云南政府要"查明为首倡议之人，即速严拿务获，从重办理"。秋后必须算账，都闹成这样了，朝廷脸面何在？可以依法上诉，但不能聚众闹事。"处突"的症结在于，不闹事朝廷不知道，闹事朝廷知道了，诉求实现了，事情解决了，但是又违法了。

明朝万历年间，书画家董其昌曾供职翰林，当过皇帝的老师，后辞官回乡，没有人敢不尊重他。董其昌嘴边经常挂着一句话："当年我给皇帝当老师的时候……"这句话就显示此人才艺甚高而人品低下。"董老师"回乡后种种恶行不胜枚举，受迫害的乡邻屡次向官府告状，官府畏惧"董老师"的权势不敢过问。一天，董其昌的二儿子董祖常带着家丁，强抢一名叫绿英的民女做"小妾"，遭到村里群众阻拦。董祖常开口便是："我爹是董其昌！"刹那间，老百姓多年积累在心中的怨恨一下子被点爆，万余群众一边高呼"若要活得好，先杀董其昌"的口号，一边将董府团团围住。董其昌也不甘示弱，"处突"第一手就是"硬碰硬"，从"打行"雇来数百个打手针锋相对。慌乱中，有人将芦席点燃抛到董家房上，董府一下子遭遇"次生灾害"，豪宅全部化为焦土。董其昌一家因及时逃走，幸免于难。事后董其昌还"恶人先告状"，分别向县、府、道、抚四级衙门告状。巡抚王应麟心里明白，这明摆着是一起典型的"罪有应得"事件，如真追查，会激起更大规模的群体性事件，会影响朝廷安危。相比较而言，朝廷安危大于"董老师"家利益。王巡抚就"虚张声势、外紧内松"，给足了"董老师"面子，结果当然是"不了了之"。

三、古代处理紧急公务

值夜班的惯例古代已经有了，在古代叫"更直"，并不是指那些大喊着"天干物燥，小心火烛"走街串巷的更夫，而是古代官员独有的"殊荣"。据史书记载，官员值夜班最早始于春秋，汉朝成为定制，之后的唐、宋、明、清等各朝沿袭了这一传统。

古代安排官员值夜班都是为了应对突发事件，处理紧急公务，还有一些时候是要为夜间处理朝政的勤勉型皇帝出谋划策，故而朝廷对值夜班还是十分看重的。唐律中有明确的规定，如果轮到值夜班的官员不守更直纪律，该更直的时候不更直，该休息的时候不休息，处以笞刑二十或者三十不等。

古代值夜班比之现代更为辛苦，没有电视和网络，也没有各种休闲娱乐项目，更加不能偷懒。不过，那些官员是文化人，长夜难熬之际可以写诗为乐。安史之乱后，大诗人杜甫任职门下省，在更直期间写了《春宿左省》，"明朝有封事，数问夜如何"。不改杜甫忧国忧民的本性，在更直时既怕有事发生又嫌长夜无聊。而北宋诗人王安石在太平盛世更直，则悠闲许多，那时值夜班可睡觉他却"春色恼人眠不得，月移花影上栏杆"。清朝的纳兰性德，是另一位睡不着的值夜班名人，不过他的苦恼却是与家人的长久分离，"山一程，水一程"，他是护卫，比之文官更显辛苦。

值夜班虽然辛苦，但也大有好处。更直的官员近距离接触皇上的机会大大增加，因此受到嘉奖的机会也增加了。东汉章帝时期，小官员黄香在尚书台当差，因为老实经常被人抓去顶值夜班。一次章帝巡班，见黄香忠于职守，后来就让他做了尚书令。清乾隆年间的毕沅也是个因值夜班而受益的幸运儿，在殿试的前一天因同僚耍诈而单独留下值夜班，当夜他处理了关于新疆屯田事宜的折子，第二天殿试的考题竟然就是如何在新疆屯田，因为见解独到深刻被乾隆帝钦点为状元。

可见官员遇到突发重大事件，及时上报，高层安排第一时间赶赴现场调查，并迅速解决问题，是当时社会处理突发事件、化解社会矛盾遵循的重要原则之一。

古代对"造谣"的处置

谣言是客观存在的信息流动。从古至今，从未停息，它源于生活中的芸芸众生之口，冲击着现有体制、信仰与秩序，有着很强的目的性和破坏性，历朝历代都将谣言视为洪水猛兽，严加防范。

对于谣言，中国古人认为应"镇以静，绳以法"。绳以法就是将造谣者、传谣者绳之以法，严禁造谣传谣。鉴于中国古代长达两千多年的时间都受到法家、道家、儒家思想的巨大影响，很多政策出自这三家之手，而"坐江山"的皇帝们采用哪一家的"策略"全靠他们自己的"心得体会"。

一、法家提倡缘法而治，视谣言如虎，犯之必以重刑

作为诸子百家之一的法家，与儒家、道家一样，都是中国历史上重要的思想流派，核心思想是法治，《汉书·艺文志》谓为"九流"之一。

法家对谣言之害研究得最为透彻，倡导诚信和义利，代表人物有管仲、李悝、吴起、商鞅、慎到、申不害、乐毅、剧辛、韩非子，其中又以韩非子为甚。"不别亲疏，不殊贵贱，一断于法"，在当时是各国富国强兵的重要推手，秦国通过商鞅变法国力大为增强，最终完成了大一统的伟业。

"妖言惑众，按律当斩。"秦帝国对谣言的惩罚非常苛重。据史料记载，实行"法治"的秦扫平六国后，明文立法惩治造谣者。《史记·秦本纪》载："诽谤者，族诛。""有敢偶语诗书者弃市，以古非今，谣言诽谤者族诛。"

所谓"族"者，亲属也，有着紧密的血缘关系，"族诛"者，就是除了造谣诽谤者本人要被杀，其有血缘关系的父母、兄弟姐妹、本家血亲、外戚血亲，都要被杀，诛三族、五族、七族甚至九族，秦国对于谣言的惩罚可见一斑。

"法治"的秦国还对谣言实施"诬告反坐"的严苛管理，就是造谣者诬陷他人犯有某罪，经查实属于造谣的，造谣者将被以相同的罪名定罪。谣言猛于虎，对造谣者处以重刑，对于古代统治者来说，实属情不得已。当年陈胜、吴广大泽乡鱼腹藏书，流言四起，令统治者闻之胆寒。《史记·陈涉世家》记载：陈胜先用红砂在一块白绸布上写下"陈胜王"三字，然后塞进鱼肚里，并有意让士兵买去宰杀。未出意料，看到从鱼腹中剖出的"丹书"，士兵都感到十分惊奇。这还不够，陈胜又安排吴广半夜跑到附近的荒庙里，点燃篝火装作鬼火，模仿狐狸声音，大声叫喊"大楚兴，陈胜王"。正在睡梦中的士兵被惊醒，都十分惊恐，第二天便传开了。不久就爆发了陈胜、吴广起义。

采取严刑峻法严厉打击制造和散布谣言的人来巩固政权，是当权者首选之策。当然，法家对散布谣言也不是一概施以重刑。在汉代甚至出现把"举谣言"作为对地方官员重要考核指标，要求政府官员"听歌谣于路"，了解民情，这个谣言已有"谏言"之意。老百姓把自己对生活的希望、对社会的建议，都通过"谣言"来传播，希望更多的人听到，也迫切希望政府"闻之思变"。

造谣一张嘴，辟谣跑断腿。法家之于谣言，秉承的是重典以罚，在机制创新上，"诬告反坐"也是一种威慑，可以古为今用。

二、儒家仁爱，对造谣者实行人性化处罚

和法家、道家一样，儒家也是中国历史上重要的思想流派，核心思想是"仁爱"。在汉武帝时期，董仲舒提出"罢黜百家、独尊儒术"，儒家至此把法

家、道家远远抛在身后，"天人感应""大一统"等影响中国社会两千多年。

对待谣言，儒家基本上继承了法家的思想，特别是在朝代更替的时候，更是"乱世用重典"，对待造谣者苛以重刑，因谣言被诛九族也不鲜见，"诬告反坐"一直沿袭到清朝。《唐律疏议·斗讼》规定："凡人有嫌，遂相诬告者，准诬罪轻重，反坐告人。"唐朝律法还规定："诸诬告本属府主、刺史、县令者，加所诬罪二等。"《大明律》卷二十二"刑律五诉讼"规定："凡诬告人笞罪者，加所诬罪二等；流、徒、杖罪，加所诬罪三等。"

儒家的核心思想是"仁政爱民"，特别注重人心向背。在社会安定的和平时期，儒家提倡对谣言进行辩证分析，对造谣者实行人性化处罚。据史料记载，在唐朝的律法中，一个人因造谣被判死刑，如果是80岁以上的老人、10岁以下儿童或者身患疾病的人，可以免除死罪，原因是考虑到老人、小孩、病人存在神志、思维不清或不成熟等客观原因，导致主观上不存在造谣的意愿，因此从轻发落。

儒家之于谣言，正是意识到了"民可载舟亦可覆舟"，因此对于谣言，不是采取封禁了事的一刀切办法，而是采取更多的人文关怀，毕竟"防民之口甚于防川"，谣言猛于虎，虎大会伤人。

三、道家对谣言秉持"无为而治"的核心理念

道可道，非常道。以"道"为核心理念的道家，主张道法自然，与儒家、法家一样，道家也是中国历史上重要的思想流派，影响深远。道家对于谣言的处理，提倡"有无相生，难易相成，长短相形，高下相倾，音声相和，前后相随，恒也"。认为任何谣言，其背后的真相都会随着时间的流逝不攻自破，所以采取不理睬、不推波助澜、不"踩刹车"的态度，让其自然销声匿迹。

反者道之动。对于谣言来说，一个谣言往往要用无数个谣言来佐证，而事物是循环往复的运动，当谣言传播最凶猛的时候，也就是它最脆弱的时候，

一击而散，无为而无所不为。

谣言止于智者，谣言的背后往往躲藏着真相的影子。对于统治者，道家认为不宜"防"，虽有"众口铄金，积毁销骨"之害，但如果金是真金，骨是傲骨，谣言是怎么都破坏不了的。对于大众，道家教化大家理智对待谣言，不轻信，更不能随意散布传播谣言，身处谣言漩涡，坚信"身正不怕影子斜"。

总而言之，道家对于谣言的处理机制，真正体现了人与自然的和谐、人与人之间的和谐、道法自然之最高境界。在信息大爆炸的当代，道家处理谣言的机制更加适合广大网友，而对于需要维护日常生活秩序、安抚广大民众的情绪、维护国家长治久安、建立和谐社会信任体系的政府来说，儒法道结合，将仁爱、法治、无为糅合在一起，创新谣言处置机制，才是当今社会追求的目标。

四、古代当权者既是谣言的最大受益者，也是坚决禁止者

在古代，最擅长"造谣"的，并不是通文墨的学子，而是或出身豪族、或出身草根的政治枭雄。自古以来，但凡有意通过起义造反或拥兵政变而夺取权力的枭雄人物，大多"造谣"手法相当老到，通过这样的手段，他们可以搞个人崇拜，让身边人迷信自己。

历代的农民起义军，几乎都会效仿这种"造谣"，从陈胜、吴广起义到东汉末年黄巾军的"苍天已死，黄天当立；岁在甲子，天下大吉"，再到元末红巾军的"石人一只眼，挑动黄河天下反"，无不如此。

当然，以上的例子都是一些失败的造反者，而最终成功得国者在"造谣"方面的"专业"程度则有过之而无不及。

隋朝开国皇帝杨坚为能顺利取代周建立隋朝，便是借谶语这种形式让大家知道他当皇帝是"天意"。当时社会上出现了这么一则谣言："白杨树头

金鸡鸣，只有阿舅无外甥。"据《隋书·五行志上》记载，当时杨坚对此故作不解，让同僚给他分析。同僚心领神会地"详细"讲解：白杨是指杨坚，金鸡代表皇冠，"白杨树头金鸡鸣"连起来理解就是，皇冠将戴在杨坚的头上；下面一句"只有阿舅无外甥"，是说周家天下的气数尽矣。杨坚听罢自然大喜，遂下定决心代周称帝。公元581年，杨坚终于"顺从民意"、废黜他的外孙周静帝，自立为帝，改国号为"隋"。

北宋开国皇帝赵匡胤也是一位利用"谣言"得天下的皇帝。公元960年，赵匡胤统率大军离开京城不久，"出军之日，当立点检为天子"的传言就遍布京城。等到大军行至陈桥驿，更有"今皇帝幼弱，不能亲政，我们为国效力破敌，有谁知晓；不若先拥立赵匡胤为皇帝，然后再出发北征"的传言。赵匡胤手下将士很快就被这几句"天机"煽动起来，喝醉酒的赵匡胤"被黄袍加身"。披上黄袍后，赵匡胤还装出一副不情愿的样子说："你们自贪富贵，立我为天子，能从我命则可，不然，我不能为若主矣。"

明朝开国皇帝朱元璋同样精于利用"谣言"，而且还从孩子抓起，制谣传谣的功夫"不输在起跑线上"。据《元史·五行志二》记载，在朱元璋起义规模越来越大，胜利在望之时，华北平原响彻一支童谣："塔儿黑，北人做主南人客；塔儿红，朱衣人做主人翁。"在元顺帝至正十五年（1355年），元大都街头则出现了另一首童谣："一阵黄风一阵沙，千里万里无人家；回头雪消不堪看，三眼和尚弄瞎马。"这里的"三眼和尚"，便是指非同寻常的朱元璋，朱元璋曾当过和尚；蒙古人自称马上民族，这里的"瞎马"自然是代指气数将尽的元朝廷。

历朝历代当权者大都是造谣、传谣的行家里手，深知谣言的厉害，所以防控"谣言"自然就不择手段。但是，这样的风气在当时是阻挡不住的。

试论明朝言官制度

自古以来，统治者为了使自己的政策和法令更具有合理性和可行性，总需要听取来自各阶层的意见和建议。从上古三代的"访询三老"开始，言官制度就已经成为中国古代政治的特色。随着官僚体制的日趋健全，这种言事的职能便逐渐集中到某些专门官员身上，集中发挥作用的言官开始在政治领域内占有一席之地。中国封建社会自汉唐至宋以后，以言官和察官为主的监察言事系统发展得越来越完备充实。尤其是言官，因身份之特殊、职任之重要而与历代统治的兴衰盛辱紧密结合，发展至明朝，已呈现出风格独特、制度健全的特点。

一、明朝言官的基本建制

在明朝，给事中与御史合并被称为言官，均可行使言谏之职能。朱元璋称帝后，废除了宰相制度，将宰相权力一分为六，设立六部，又在六部设立六科给事中。洪武年间，六科给事中的建制是：每科设都给事中一人，品级为正八品；左、右给事中各设一人，品级为从八品；给事中设置为吏科四人，户科八人，礼科六人，兵科十人，刑科八人，工科四人，共计四十人，品级均为正九品。建文帝元年，朝廷又改定官员设制，把都给事中的品级调升到正七品，给事中品级改为从七品。明成祖在将京城迁移到北京之后，仍然在原来的首都南京保留了六科给事中的建制，其中每科设置给事中一人。在这以后，明朝六科给事中的建制基本定型，其人员、品级等延续两百余年，一直到明朝灭亡都基本没有大的变动。

御史是明朝言官的另一个重要组成部分，都察院是御史的归属部门，负责监督浙江、河南、山东、山西、陕西、湖广、云南、福建、江西、贵州、广西、广东、四川十三道，各道分别设置人员固定的监察御史，其中，山东、河南、浙江、江西道各十人，四川、福建、贵州、广西、广东道各七人，湖广、山西、陕西道各八人，云南道十一人，共计一百一十人，品秩为正七品。各道又设御史，人数三到五人不等，品秩为正九品。同时还设左、右都御史各一人，为正二品；左、右副都御史各一人，为正三品；左、右佥都御史各两人，为正四品。另外，在南京亦有都察院设置，官职为右都御史、右副都御史、右佥都御史各一人；南京还设置十三道监察御史，其中湖广、福建、广西、广东四道，每道三人，其他九道每道两人，共计三十人。此外，自明景泰时起，由朝廷派遣到地方的总督、巡抚等官员，一般都会加有都御史、副都御史、佥都御史等官衔，且隶属于都察院。

二、明朝言官的选任方式

明朝对言官的任职资格的规定非常明确具体，主要分为以下几个方面：忠君爱国，品质高尚，敢于直言，气节刚直，正直无私；学识突出，通于礼法，要具备丰富的政治才识和文化知识，口才出众；科举出身，历练老成，有基层任职的履历；年富力强，体貌端厚，明朝中期对言官的年龄作了比较明确的规定，选取言官必须从30岁以上50岁以下的人中选取；具备一定的"姿貌"，言官可以说是整个官僚群体的代言人，因此需要相貌堂堂之人；职务回避，公正公平，其用意的重心是加强对朝廷大臣的监督。

明朝言官的任选方式主要有两种：荐举和考选。明朝初期，因为百废待兴，各项设施都不健全，科举也在恢复中，官吏缺乏，于是明太祖下令各级官员举荐人才。在开始荐举言官时就规定较严，皇帝御旨曾明确规定，推举言官的主体是都察院和各道官员，推举的材料要全面真实，不能弄虚作假；程序上要申报吏部，吏部要"审查不谬"；最后一道程序是上奏；一旦被荐举的言官贪赃枉法或不称职，检举人负有连带责任。

随着政治的稳定发展，科举制逐渐恢复，选拔官员一般通过考试进行，荐举制慢慢被科举考选制代替。对于言官的考选制，是指科举出身的官员通过考满后，选其中政绩优异者再经过考试后授以言官的制度，这种方式又被称为"行取"。考选人员分为两类，一是从京官中选补，二是从地方官中选拔。《明史·选举志》记载："或取内外科目出身三年考满者考选，内则两京五部主事、中、行、评、博，国子监博士、助教等；外则推官、知县。自推、知入者，谓之行取。"这是最为常见的选任方式。

明朝考选言官程序比较复杂。都察院作为中央最高一级的监察机构，其长官都御史和金都御史的补选主要是"廷推"；一般的言官选取的程序也较为严格，首先由六部尚书、大理寺、通政使、都御史及现任的科道官员先期查访，按照言官的任职条件，各自确定选择的对象，然后由吏部会同都察院考选。试卷的批改也极为严格，仿照科举考试，须密封审阅，最后由吏部和都察院共同拟定名单，呈报给皇帝钦批。通过这样严格的选拔程序，考选出来的言官大多是同级官员中的优秀者，优者授给事中，次者授御史，再次者以部漕用。为了慎重起见，言官挑选出来后，除了给事中可以走马上任外，监察御史则必须试职一年，期满后称职者才能获得实职，否则仍发回吏部，另授他职。

三、明朝言官的法定职权

明朝言官的法定职权主要有以下几个方面：

（一）承上启下，连接君王与百官，处理章疏诏令

六科给事中拥有很大的权力，诏旨和批复的章奏由六科驳正到部，称为"科参"或者"抄参"，如果六科没有依职权封驳，御史有权纠察弹劾，对给事中的封驳之权加以监督。

（二）规谏君主

六科给事中若发现皇帝政令有失，有权力和责任直谏；对于御史而言，凡是有关政事得失、军民利弊，亦可直言规谏。在国家某方面的治理出现弊端的时候，言官规谏职责的重要性尤其突出。

（三）纠察、弹劾百官

在纠察弹劾的对象上，给事中和御史的侧重点有所不同，给事中偏重于劾察中央六部官员的失职和违法事宜，而御史则偏重于劾察地方官吏的违法乱纪事宜。

（四）考评官员，参与廷推

考察分"外察"和"京察"两种方式。"外察"是对于地方官的考察称谓，每三年考察一次，由巡按御史和按察司综合考察，把那些没有什么政绩、违法乱纪的官员汇报给相关部门，以定黜陟。"京察"是对于京官的考察称谓，每六年考察一次，四品以上的官员自己上奏疏陈述自己的政绩不足，由皇帝亲自决定升迁与处罚；吏部尚书和都御史负责四品以下官员的考察。明朝的言官特别是比较高级的言官，还有参与"廷推"的权力。所谓廷推，是指当国家的某些机构出现缺员时，由吏部会同大臣商议推举合适人选，把名单汇

报给皇帝酌定。

（五）巡历地方

都御史提督全国各道，监察御史巡历全国各地，给事中也有随时被派出视察的机会。所谓巡历，包含监察御史巡按州县、了解民情，在国家出现比较大的事件时，也会由都御史或者其他大臣加都御史官衔出巡。

四、明朝言官的历史启示

明朝未设谏官，只设监官，未从制度上将皇帝纳入监察范围，使皇帝滥权成为必然。这给我们的启示是，监察制度的设计要有"顶层设计"，顶层设计要从顶层开始，将顶层纳入制度监督的范围，不能留下死角，形成在制度面前人人遵循，在法律面前人人平等的意识。明朝的六科给事中，针对六部的专门事务进行专业督察，虽然级别很低，但却是独立机构，不隶属任何机构，如此才能行使监察之权。我们今天在完善监察制度时，也应该让监察机构拥有相对独立的地位，不受掣肘，更好地发挥监察职能。

明朝言官制度确立以皇帝的意志为监察原则，中后期的言官则在程朱理学的影响下，增加了"殉道"与"民本"的监察原则，并理直气壮地执行监察职能。明朝言官在面对皇帝偏离儒家民本轨道时，不惜冒杀身危险，挺身而出，犯颜直谏，这给我们今天的监察人员做出了示范。今天也要确立最高的监察原则，这个原则就是"人民本位"原则，任何政策的制定和执行，都要将人民的利益放在首位。监察制度的执行者，应该遵循共产党人"不唯书，不唯上，只唯实"的优良传统，坚持真理，坚持人民本位，勇于纠正错误，改正错误，敢于与违背人民利益的贪腐行为作斗争。

为政者要有博大的胸怀，能够听取下面人的意见，甚至批评意见，需知"良药苦口利于病，忠言逆耳利于行"的道理。明朝言官的品级都比较低，今天监察官员的地位已有极大的提升。为政者不能因为监察人员级别比自己低就不听取他们的意见，不接受他们的监督。

明朝言官制度是君主与朝臣双方斗争和博弈后建立起来的，由于缺乏人民群众的介入和参与，因此最终难以起到较好的效果。当今，在社会主义核心价值观的指引下，应该在设计监察制度时，引入人民群众的力量，对政府官员实行民主监督。